나의 앞날이 주께 있나이다

나의 앞날이 주께 있나이다

지은이 | 임영수

초판 발행 | 2023. 8. 30

등록번호 | 제 1988-000080 호

등록된 곳 | 서울특별시 용산구 서빙고로 65 길 38

발행처 | 사단법인 두란노서원

영업부 | 2078-3352   FAX | 080-749-3705

출판부 | 2078-3331

책값은 뒤표지에 있습니다.

ISBN 978-89-531-4433-0 03230

독자의 의견을 기다립니다.

tpress@duranno.com   www.duranno.com

두란노서원은 바울 사도가 3 차 전도여행 때 에베소에서 성령 받은 제자들을 따로 세워 하나님의 말씀으로 양육
하던 장소입니다. 사도행전 19 장 8-20절의 정신에 따라 첫째 목회자를 돕는 사역과 평신도를 훈련시키는 사역,
둘째 세계선교(TIM) 와 문서선교(단행본·잡지) 사역, 셋째 예수문화 및 경배와 찬양 사역, 그리고 가정·상담 사역
등을 감당하고 있습니다. 1980년 12월 22일에 창립된 두란노서원은 주님 오실 때까지 이 사역들을 계속할 것
입니다.

나이 듦과 성숙을 위한 묵상

나의 앞날이
주께 있나이다

임영수 지음

두란노

차례

그리스도인의 삶은 멀고 긴 여정입니다. 이 여정은 우리 홀로 가는 길이 아닙니다. 하나님과 함께하는 여정입니다. 하나님과 함께하는 여정이지만, 어려움과 고난이 없는 여정이 아닙니다. 하나님은 우리의 생의 여정에서 일어나는 여러 가지 일들을 통해 우리를 길들여 가십니다. 우리가 하나님을 길들여 가지 않고, 하나님이 우리를 길들여 가십니다.

이 여정에 우리보다 앞서간 증인들이 있습니다. 그 증인들은 복음서를 기록한 마태, 마가, 누가, 요한, 그리고 서신을 기록한 바울, 베드로, 야고보, 유다, 히브리서 저자 등입니다. 그리고 기독교 역사에 등장하는 속사도, 수도사,

성인, 신학자, 순교자 등입니다. 여정에 함께하시는 하나님은 그들을 통해 말씀해 주시며 우리의 여정을 인도해 가십니다.

그리스도인은 누구나 이 여정 길을 낙오되지 않고 끝까지 가야만 합니다. 이 여정에 많은 장애물, 유혹, 시험이 있어도, 하나님은 그러한 것들에 걸려 넘어지지 않고 끝까지 여정을 마칠 수 있도록 우리를 도우십니다.

그리스도인은 누구나 생의 여정 길을 가면서 변화를 겪게 됩니다. 자연계에 사계절의 변화가 있는 것과 같이, 우리의 생에도 그러한 변화의 계절, 즉 인생의 봄, 여름, 가을,

겨울이 있습니다. 우리는 이 여정 길을 가면서 이러한 생의 계절을 어떻게 바르게 향유해 갈지를 배워야 합니다.

특별히 생의 여정에서 맞이하는 노년은 쇠하고 소멸되는 시간이 아니라, 생이 익어 가는 시간입니다. 하지만 노년이라는 생의 시간에는 갱년기와 치매 같은 복병도 있습니다. 그럼에도 불구하고 이러한 장애물에 구애받지 않고 생의 여정을 잘 마치도록 하나님의 도우심을 구해야 합니다. 선한 목자이신 하나님, 인자한 집주인과 같으신 하나님은 노년이 잘 익어 가도록 우리를 도우십니다. 그분은 우리가 사망의 음침한 골짜기를 넘어설 때에도 우리와 함께하십니다. 그분은 영원한 시간으로 우리를 안내하십니다.

이 책에 실린 원고들은 그동안 주일 강단에서 설교한 내용을 선별한 것입니다. 특히 노년을 살아가면서 저와 같이 노년을 살아가는 이들에게 도움을 주고 싶은 마음을 담았습니다. 노년은 소멸되어 가는 것이 아니라 익어 가는 것이라는, 생의 여정에서 노년을 살아가는 분들에게 도움이 될수 있는 내용으로 만들었습니다. 이 책을 읽는 독자들에게 하나님의 위로와 희망이 항상 함께하기를 기원합니다.

모새골에서 임영수

1부

그리스도인의 여정

하나님과
함께하는 여정

히 12:1-16

그리스도인의 삶은 하나님과 함께하는 여정입니다. 히브리서 저자는 영적 여정에 필수적인 원리 몇 가지를 말해주고 있습니다.

먼저, "이렇게 구름 떼와 같이 수많은 증인이 우리를 둘러싸고 있으니"(히 12:1상, 새번역)입니다. 하나님과 함께하는 여정의 특징은 우리가 홀로 개척해 가는 것이 아니고, 하나님과 함께하는 긴 여정 길이라는 것입니다. 이러한 특수한 여정을 이미 오래전에 우리보다 앞서서 마친 많은 선배가 있습니다. 우리가 이 여정을 잘 가기 위해서는 그분들이 전해 주는 복음, 경험, 안내, 격려, 위로, 멘토링이 절대 필요합니다. 그분들의 도움이 없이 이 경주는 거의 불가능합니다. 이 경주에 '영적 안내'(spiritual guide)가 절대 필요합니다. 우리와 동행하시는 하나님은 영적 안내자를 통해서 우리를 인도해 가십니다.

영적 여정의 수많은 증인 가운데 복음서를 기록한 마태, 마가, 누가, 요한, 그리고 서신을 기록한 바울, 베드로, 야고보, 유다, 히브리서 저자는 믿음의 경주에 절대적인 분들입니다. 만약 그러한 분들이 없었다면 우리의 영적 여정은 불가능합니다. 그 이후 기독교 역사에 등장하는 속사도, 수도사, 성인, 신학자, 순교자 등은 우리의 여정을 끝까지 마칠 수 있도록 돕는 스승, 안내자, 친구, 위로자, 멘토입니다.

다음 1절 하반 절에 "우리도 갖가지 무거운 짐과 얽매는 죄를 벗어 버리고, 우리 앞에 놓인 달음질을 참으면서 달려갑시다"(새번역)라는 권면이 있습니다. 여기서 '무거운 짐과 얽매는 죄'는 하나님의 약속을 진지하게 받아들이지 않는 것을 의미합니다. 영적 여정에서 제일 방해물은 하나님의 약속을 받아들이지 못하는 것입니다. 하나님의 창조 행위 가운데 중요한 것은 그분의 백성을 만드시고 그들에게 주신 약속입니다. 하나님의 약속에 하나님의 백성의 미래가 있고, 그리고 이 약속이 믿음과 희망을 가능하게 합니다.

특별히 요즈음과 같이 과학이 발달하고, 사람마다 자기 나름대로 이데올로기라는 집을 짓고 그 안에서 생활에 필요한 모든 정보를 다 수집해서 만족을 누리며 살아가는 시대에 하나님의 약속을 받아들이는 일은 그리 쉽지 않습니다. 그래서 믿음의 경주에서 이탈하는 사람이 점점 많아지고 교회 자체가 매력이 없어집니다. 히브리서 저자는 이미 이러한 사실을 미리 내다보며 경고와 격려의 메시지를 보내고 있습니다.

이어서 2절에서는 "믿음의 창시자요 완성자이신 예수를 바라봅시다"(새번역)입니다. 예수님은 믿음을 세우시고, 믿음을 갖도록 도우십니다. 그리고 믿음을 온전케 하십니다.

그리고 이 믿음의 경주의 완성자이십니다. 이 믿음의 경주
는 순풍에 항해하는 배와 같지 않습니다. 여기에는 많은
시련과 고난이 있습니다. 믿음의 경주에서 이러한 고난을
매우 긍정으로 받아들일 것을 권면합니다. 믿음의 경주에
서 고난을 받는 것은 하나님의 자녀가 되었다는 것, 하나
님의 아들이신 그리스도와 소속이 같다는 증거로 받아들
여야 합니다. 고난받는 것을 하나님의 훈련으로 받아들여
야 합니다.

또한 5절에 "주님의 징계를 가볍게 여기지 말고"(새번역)라
고 했습니다. 여기서 '징계'는 훈련을 의미합니다. 이 말을
'길들임'으로 바꾸어 말씀드리겠습니다. 우리가 믿음의 경
주에서 항상 기억해야 할 것은 이 경주의 과정에는 하나님
의 훈련이 있다는 사실입니다. 아주 힘들고 어렵더라도 그
것을 긍정으로 받아들여야 합니다.

우리는 하나님의 마음에 맞게 행동해서 하나님으로부터
힘이 들지 않는 아주 쉬운 경주를 보장받으려는 시험에 빠
질 수 있습니다. 그러한 생각은 접어 두어야 합니다. 우리

의 경건, 봉사, 착함으로 하나님의 환심을 사서 특혜를 받을 수 없습니다. 하나님은 그러한 것들에 묶여 있지 않으십니다. 하나님은 우리의 어떤 범주에도 묶여 있지 않으시며, 하나님의 자유에서 활동해 가십니다.

다음으로 12-13절에 "여러분은 나른한 손과 힘 빠진 무릎을 일으켜 세우고, 똑바로 걸으십시오"(새번역)라고 했습니다. 영적 리뉴얼이 절대 필요합니다.

히브리서 저자는 영적 여정에서 부정적인 본보기로 에서를 언급합니다. 그는 경솔하게 장자의 권리(명분)를 팽개쳐 버렸고, 전해 내려오는 이야기에 따르면 망령된 자(히 12:16; 속된 사람, 새번역)가 되었습니다. 하나님이 주신 구원의 약속을 보잘것없는 즐거움과 바꾸지 말라는 경고입니다.

여정에 함께하시는
하나님

시 23:1-6

옛날 팔레스타인 지방에서는 양 떼를 먹이기 위한 목초지를 찾아 마을에서 쉼과 보호로부터 멀리 떠나 광야로 장기간 여행길에 오르곤 했습니다. 인적 없는 넓은 공간에서 목자와 양 떼는 철저히 고립되어 있었습니다. 거기서는 강도, 야생 동물, 뱀, 갑작스러운 모래 폭풍, 식수 부족, 언제 굴러올지 모를 바위, 용광로와 같은 무더위 등이 가장 위협적인 요소들입니다. 그러한 상황에서 양에게 최소한의 필수 조건은 음식, 마실 물, 안전, 길을 잃었을 때의 구조, 맹수의 위협으로부터의 보호, 머물 장소입니다. 이러한 필

수 조건은 양 스스로 해결할 수 없습니다. 이러한 기본적인 것들은 목자를 통해서만 해결될 수 있습니다.

시의 도입 부분에 "여호와는 나의 목자시니 내게 부족함이 없으리로다"(시 23:1)라는 말씀은 그러한 경우를 뜻합니다. 시인은 그의 생의 여정에서 선한 목자이신 하나님이 함께 하시므로 생의 기본적인 결핍이 해결된다는 것을 경험했습니다. 선한 목자이신 하나님은 시대의 변화에 따라 무한대로 변하는 인간의 모든 결핍(욕구)을 다 채워 주시는 분이 아닙니다. 그분은 인간이 인간답게 존재해 가는 데 필요한 기본적인 것을 채워 주십니다. 결국 그 기본적인 것들은 하나님 자신에 대한 욕구입니다.

시에는 목자가 양들의 절박함을 채워 주는 방법들이 구체적으로 열거되어 있습니다. "그가 나를 푸른 풀밭에 누이시며 쉴 만한[잔잔한] 물가로 인도하시는도다"(시 23:2). 양들은 다른 동물들과는 달리 배가 부르면 눕습니다. 배가 고프거나 목이 마를 때, 주위에 맹수의 위협이 있을 때는 불안해하며 갈팡질팡합니다. 목자는 이 사실을 알기에 어떤 대가를 치르고서라도 양들에게 '푸른 풀밭과 잔잔한 물가'를 제공해 줍니다. 외부의 모든 위협으로부터 자유로워진 상태에서 최고의 음식과 양들이 자신 있게 마실 수 있는 잔잔한 물로 만족을 얻은 양들은 섭취한 풀을 소화시키기 위해 마침내 자리를 잡고 눕습니다.

시인은 목동으로서 양들을 돌보면서, 하나님의 세심한 배려와 보호를 그러한 목자의 상(像)으로 묘사했습니다. 시인은 목자이신 하나님이 이 모든 것을 주신다고 했습니다. 시인의 삶은 분명 폭풍처럼 파란만장했지만, 그 모든 시련 한복판에서 쉼, 안식, 그리고 평안을 찾곤 했습니다. 시인의 일상에는 그가 머무를 수 있는 푸른 풀밭, 잔잔한 물가가 있었습니다.

시인은 계속해서 말합니다. "내 영혼을 소생시키시고 자기 이름을 위하여 의의 길로 인도하시는도다"(시 23:3). 목자는 양 떼를 뒤에서 몰아가지 않고, 자기가 먼저 앞서가면서 양 떼를 인도해 갑니다. 목자가 양 떼를 인도해 가는 길에 언제나 평지만 펼쳐지지는 않습니다. 높은 언덕, 지나가기 어려운 협곡, 넓은 평원, 맹수의 위협도 있습니다.

때로 양들 가운데는 목자가 인도해 가는 길을 벗어나서 홀로 다른 길로 가다가 계곡에 떨어지거나 숲속에서 길을 잃어버리는 경우도 있습니다. 그러한 경우 목자는 양 떼를 놓아 두고 잃어버린 한 마리 양을 찾아 나서곤 합니다. 깊은 계곡에서 울부짖는 양의 소리를 듣고 목자는 찾아가서 양을 구출해서 어깨에 메고 양 떼가 있는 곳에 데려다 놓습니다.

목자에게는 양 떼 전체도 중요하지만, 잃어버린 한 마리의 양이 더 소중합니다. 목자가 양 떼를 푸른 풀밭과 잔잔한 물가로 인도해서 그곳에서 쉼을 갖게 하는 것은 양들이 목자가 인도하는 길을 잘 따르게 하기 위함도 있지만, 무리에서 이탈한 양을 버리고 가지 않고 찾아서 양 떼에게 데려다 놓아 다시 소생함을 얻어 다른 양들과 함께 목자의 인도를 따르게 하기 위함도 있습니다.

선한 목자는 자신의 양 떼를 '자기 이름을 위하여' 옳은 길로 이끕니다. 선한 목자는 자신의 양을 버리는 법이 없습니다. "내 영혼을 소생시키시고 자기 이름을 위하여 의의 길로 인도하시는도다"라는 3절 말씀에는 목자의 그러한 이중적인 행동이 내포되어 있습니다. 우리의 일상에 늘 함께하시는 선한 목자이신 하나님의 행동에는 그러한 두 가지 의미가 포함되어 있습니다. 양 떼인 우리가 그분이 인도하시는 길을 잃어버리지 않고 따르도록 하며, 비록 길을 이탈하여 다른 길로 가더라도 찾아내어 다시 제자리에서 목자의 인도를 따르게 합니다.

목자의 행동을 묘사하는 시는 다음과 같이 계속됩니다. "내가 사망의 음침한 골짜기로 다닐지라도 해를 두려워하지 않을 것은 주께서 나와 함께하심이라 주의 지팡이와 막대기가 나를 안위하시나이다"(시 23:4). 목자가 양들을 인도해 가는 길은 쉬운 길이 아닙니다. 하지만 거기에는 목자의 인도를 양들이 따를 수 있도록 돕는 사랑의 배려, 구출, 보호가 있습니다. 목자는 어떤 경우든 자기 양들을 포기하지 않습니다.

여기서 '사망의 음침한 골짜기'는 죽음의 그림자 골짜기로서 어두운 그림자가 있고 깊은 협곡들이 있는 산 사이로 바람이 부는 길들을 의미합니다. 행인들은 강도에게 노출되는 것을 피하기 위해 천천히, 그리고 조용히 그 길을 빠져나와야 합니다. 죽음의 공포가 끊임없이 그들의 마음에 도사리고 있습니다. 그들은 언제 들이닥칠지 모르는 곤경과 죽음에 촉각을 세우고 떨면서 그 길을 빠져나와야 합니다.

시인은 이 위험한 계곡을 '사망의 음침한 골짜기'라 표현했습니다. 시인 자신도 그의 삶에서 죽음과 흑암의 순간들을 직접 체험했을 것입니다. 죽음과 흑암의 계곡은 피할 수 없는 길입니다. 우회로도 없으며, 영화와 같은 극적인 탈출도 기대할 수 없습니다. 이 죽음의 골짜기를 통과해야만 앞으로 나갈 수 있습니다. 이 죽음의 골짜기를 통과하고 나면, 다음에는 넓은 초원이 전개되어 있습니다. 목자는 양 떼를 데리고 이 흑암의 계곡을 통과합니다.

시인은 죽음의 계곡을 통과해야 하는 그 절박한 상황에도 목자이신 하나님이 함께하시므로 두려워하지 않을 수 있다고 말합니다. 그 누구도 함께할 수 없는 사망의 골짜기를 통과할 때 선한 목자이신 하나님이 함께하십니다. 하나님을 그저 인간의 욕구를 충족시켜 주시는 분으로 오해할 수 있지만, 결코 그렇지 않습니다. 하나님이 우리를 인도해 가시는 길은 의의 길입니다. 그 길은 쉬운 길이 아닙니다. 그러나 그 길을 따라가지 않고 멋대로 다른 길로 가다 보면 생명을 포함해서 모든 것을 다 잃어버리게 됩니다.

시의 후반부에서 이야기의 흐름이 목자와 양에서 주인과 손님이 함께하는 연회의 이미지로 전환됩니다. "주께서 내 원수의 목전에서 내게 상을 차려 주시고 기름을 내 머리에 부으셨으니 내 잔이 넘치나이다"(시 23:5). 시에서 선한 목자의 상으로서 하나님은 융숭한 대접을 하는 집주인으로 묘사되어 있습니다. 즉 원수를 피해 도망쳐 온 사람 혹은 먼 길을 가다가 지친 나그네를 마다하지 않고 친절하게 영접하는 집주인, 집을 뛰쳐나간 아들이 뉘우치고 돌아올 때 아무 책임도 묻지 않고 받아들이는 아버지와 같은 집주인으로 묘사되어 있습니다.

이 시에서 집주인은 원수를 피해 도망쳐 온 손님을 매우 친절하게 맞이합니다. 그를 뒤쫓아 오는 원수의 위협이나 보복은 조금도 개의치 않습니다. 시인은 삶 속에서 그러한 하나님을 깊이 경험했습니다. 하나님은 누가 뭐라 하든 개의치 않으시고 값비싼 사랑을 나타내 보이십니다. 그러한 장면을 시인에게 적의를 품은 자들도 직접 보았습니다.

시의 결론은 이러합니다. "내 평생에 선하심과 인자하심이 반드시 나를 따르리니 내가 여호와의 집에 영원히 살리로다"(시 23:6). 양들의 움직임에는 반드시 목자의 인도가 있습니다. 목자의 인도가 함께하지 않으면 양들은 살아갈 수 없습니다. 목자와 함께 움직이는 양들에게는 푸른 풀밭, 잔잔한 물가, 편히 쉴 수 있는 안정된 장소가 있고, 위험한 협곡에서도 목자가 함께합니다. 맹수들의 위협에도 목자가 함께합니다.

시인의 생은 홀로 외롭게 걷는 나그넷길이 아니었습니다. 생존에 필요한 것들을 공급해 주는 선한 목자이신 하나님의 돌보심, 어떤 위협이나 비방에도 개의치 않으시고 시인에게 자비를 베푸시는 주인으로서 사랑의 하나님이 함께 계셨습니다.

시에 나타나 있는 광야에서의 배고픔과 목마름, 맹수의 위협, 사망의 음침한 골짜기, 원수들의 위협은 우리의 현실에 그대로 다 실재합니다. 그렇지만 우리에게는 선한 목자이신 하나님, 우리를 극진히 맞아 주시는 인자한 집주인 하나님이 계십니다. 고달프고 험난한 인생의 여정이지만, 우리에게는 영혼의 소생함을 얻고 의의 길을 끝까지 걸어가기 위해 잠시 쉬었다 가는 푸른 풀밭, 잔잔한 물가가 있습니다. 나그네로서 여정이 매우 힘들고 외로울 때, 비바람이 몰아치거나 뜨거운 햇볕이 내리쬘 때 우리를 위협하는 세력, 우리의 외모나 배경을 상관하지 않고 우리를 친절하게 맞이해 주는 집주인이 계십니다.

우리의 일상, 우리의 평생에는 선한 목자이신 하나님의 선하심과 인자하심이 함께합니다. 그러므로 우리의 일상, 평생은 하나님의 선물입니다. 위대한 이 시편은 우리에게 그러한 하나님의 현존을 떠나서 살 수 없다는 것을 말해 줍니다.

영혼의
갈망

시 42:1-5

인생에는 여정이라는 것이 있고, 인간은 그 여정과 함께
부르심에 응답해 가는 존재라고 말하고 싶습니다.

'부르심'이라는 말속에는 궁극적으로 중요한 것을 결정하
는 주체는 나 자신이 아니라는 뜻이 담겨 있습니다. 내 안
에 연약한 자아는 나의 삶의 진짜 주인이 아닙니다. 내 삶
을 주재하는 진짜 주권을 가지신 무한한 실재는 따로 있습
니다. 그렇다고 해서 행동하는 주체로서의 나를 포기한다
거나 숙명론에 빠져 일체의 목표 의식을 버려야 한다는 것

은 아닙니다. 스스로의 삶에 책임을 지면서 현재보다 더 나은 나로 부르시는 전능하신 분께 신실하게 응답해야 한다는 뜻입니다.

인간을 영혼의 갈망을 가진 존재라고 규정하는 것은 우리를 부르시는 전능하신 분이 계시다는 사실을 뜻합니다. 이 우주에 우리를 참 인간 됨으로 부르고 계시는 분이 없다면 우리에게 영혼의 갈망도 없을 것입니다. 예수님의 비유 중에 잃은 양을 찾는 목자의 이야기나 잃어버린 드라크마를 찾는 여인의 이야기는 그러한 사실을 말해 줍니다.

여기서 주의해야 할 것은 우리의 응답이 너무 도덕적, 율법적이어서는 안 된다는 것입니다. 나름대로 완전한 인간이 되고자 자신의 내면의 어두운 면에 속하는 시기, 질투, 이기심, 무지, 교만, 욕망, 집착으로부터 벗어나려고 할 때 부르심을 놓치게 됩니다. 하나님의 부르심은 각 생의 계절, 각자가 처한 삶의 상황에 따라 다릅니다. 천편일률적으로 다 목사, 선교사로 부르지 않으십니다. 누구처럼 되라고 부르지도 않으십니다. 하나님은 우리 한 사람, 한 사람을 그 자신으로 부르십니다. 하나님의 부르심에 따라 살아간다고 고난, 역경, 생의 짐, 질병, 싫은 사람 등으로부터 벗어나는 것도 아닙니다.

하나님의 부르심은 묵상 시간, 성경 읽는 시간, 예배 시간에만 있는 것이 아닙니다. 질병, 고난, 생의 짐, 실패, 노동, 죽음의 시간에도 있습니다. 그러한 모든 상황에서 부르심을 듣고 응답하는 것이 '묵상의 삶'입니다. 전능하신 하나님의 부르심에는 자유, 기쁨, 성취, 행복이 숨겨져 있습니다. 그 부르심에는 용서, 화해, 사랑, 영혼을 위한 기도가 포함되어 있습니다.

그 부르심에 응답하려면 성령의 도우심 없이는 불가능합니다. 성령의 도우심 가운데서 부정적인 감정이 있음에도 불구하고 그것들에 먹힘을 당하지 않고 부르심에 끝까지 응답했을 때 승리와 성취의 찬양과 감사라는 값진 선물이 있습니다.

옛날 시상(詩想)이 풍부한 고라 자손 한 사람이 있었습니다. 그는 종교적으로 경건하게 살아 보려고 남다른 노력을 했습니다. 그러나 그의 영혼 깊은 곳에 있는 갈망은 그 무엇으로도 해소할 수 없었습니다. 어느 성일에 성전에서 하나님께 예배를 드리던 중 그는 자신이 느끼는 갈망의 근원지가 바로 하나님이시라는 사실을 깨닫게 되었습니다. 그후로 그는 성일에 그의 공동체, 가족들과 함께 하나님의 현존으로 나아가는 일이 그렇게 기다려졌습니다. 성일에 하나님의 현존으로 나아갈 때면 하나님께 드리는 속죄의 제사에서 자신의 죄가 씻기는 경험, 영혼의 소생함, 감사, 기쁨, 희망을 경험하곤 했습니다.

그런데 그의 의사와는 아무 관계없이 타의에 의해 성일에 성전에 나아갈 수 없는 이방 지역에서 살게 되었습니다. 그 후부터 생수의 물줄기가 끊겼습니다. 그리고 좌절, 허무, 어두움이 그를 사로잡았습니다. 그 지역에 사는 사람들은 그를 보고 "너의 생명의 원천인 하나님이 어디 있느냐" 하고 조롱했습니다. 그는 이러한 자신의 모습을 다음과 같이 시로 묘사했습니다.

"하나님이여 사슴이 시냇물을 찾기에 갈급함같이 내 영혼이 주를 찾기에 갈급하니이다 내 영혼이 하나님 곧 살아 계시는 하나님을 갈망하나니 내가 어느 때에 나아가서 하나님의 얼굴을 뵈올까 사람들이 종일 내게 하는 말이 네 하나님이 어디 있느뇨 하오니 내 눈물이 주야로 내 음식이 되었도다 내가 전에 성일을 지키는 무리와 동행하여 기쁨과 감사의 소리를 내며 그들을 하나님의 집으로 인도하였더니 이제 이 일을 기억하고 내 마음이 상하는도다 내 영혼아 네가 어찌하여 낙심하며 어찌하여 내 속에서 불안해하는가 너는 하나님께 소망을 두라 그가 나타나 도우심으로 말미암아 내가 여전히 찬송하리로다"(시 42:1-5).

이 시는 인간의 영혼 가장 깊은 곳에서 갈망하는 것이 무엇인지 말해 주는 동시에, 그 갈망의 근원지가 전능하신 하나님이라는 사실을 말해 줍니다.

우리는 세상에 살면서 하나님으로부터 오는 보상을 다 놓치며 살아갈 수 있습니다. 그렇기 때문에 감사가 없고, 하나님께 대한 기쁨의 찬양이 없이 살아가게 됩니다. 진정 깨어 있지 않으면 늘 상처에 시달리게 되고, 다른 사람만 탓하게 되고, 스스로 높이 쌓은 자아의 감옥이라는 벽에 갇혀 살아가게 됩니다. 제일 무서운 것이 자아의 감옥으로부터 벗어나지 못하고 살다가 여정을 마치는 것입니다.

참 자아로
시작

눅 15:11-24

누가복음 15장 '집으로 돌아온 둘째 아들'의 비유는 우리에게 매우 친숙한 이야기입니다. 이 이야기를 구성하는 네 개의 무대를 중심으로 살펴보겠습니다.

첫 번째 무대는 아들이 아버지와 함께 살면서도 소통이 단절된 가운데 살아가는 장면입니다. 신학적으로 표현하면, 하나님의 현존 가운데 살면서 하나님과 소통의 단절 가운데서 살아가고 있는 인간의 모습입니다. 토머스 머튼(Thomas Merton)은 《묵상의 능력》(두란노, 2006)에서 이러한 형태의 삶을 "낙원에서 추방은 연합에서의 추방"(25쪽)이라 했습니다. 이러한 삶에서 인간은 공허, 무의미, 결핍, 두려움을 경험합니다. 그리고 현실이 아닌 다른 세상에 대한 그리움을 느낍니다. 부정적인 경험들이 현실이 아닌 다른 환상의 세계로 떠나고 싶은 강한 유혹에 사로잡히게 하는 것입니다.

둘째 아들은 아버지 집을 떠나 다른 세계에 대한 동경에 사로잡혀 있습니다. 둘째 아들은 자신의 부정적 경험들의 해답을 돈, 명예, 권력, 성, 친구, 자기실현, 쾌락에서 찾으려는 강한 충동과 유혹에 사로잡히게 됩니다. 그러한 유혹을 객관화시켜 볼 수 있는 내적 자유의 영역이 없기에 유혹에 완전히 먹혀 버렸습니다.

토머스 머튼은 또 이렇게 말했습니다. "하나님과 자신의 내적 자아로부터 추방당했습니다. 그러고는 인간은 자기 외적인 것에서 하나님과 행복을 찾으려고 발버둥 칩니다. 사실 사람들이 추구하는 행복은 자신과 하나님으로부터 도망치는 것입니다. 그래서 사람들은 현실과 점점 더 멀어지고, 결국 하나님을 닮은 내면의 모습도 잃고, 하나님의 성소인 자기 집에 들어갈 자유도 잃었습니다"(앞의 책, 27쪽).

두 번째 무대로 바뀌면서 아들은 그가 원하는 행복을 위해 마침내 자신이 동경하는 세상으로 떠나기로 결심하고 아버지에게 자신의 몫을 분배받아 집을 떠납니다. 아들이 아버지로부터 분배받은 몫이란 자신의 유일성, 재능, 건강, 능력, 지성, 감성, 영혼을 의미합니다. 아들은 그가 그리워하던 곳으로 발을 내딛습니다. 아들은 소유를 통해 그가 원하는 것들과 관계를 맺습니다. 그러한 관계에서 아버지로부터 물려받은 것들을 가지고 마음껏 욕망을 채워 갑니다.

이 무대에 있는 아들은 거짓 자아로 살아가는, 즉 자기 자신을 상실한 사람의 표상입니다. 이러한 사람들은 자기 자신을 성공, 명성, 미모, 권력, 지위, 재물, 가문, 성공한 자녀, 학벌과 동일시하는 이들입니다. 그들에게 그러한 것들은 우상이 됩니다. 그것들을 잃어버릴 때 그들은 깊이 좌절하며 자기 자신을 잃어버린 것으로 단정합니다. 자신이라고 인정할 수 있는 것이 없기 때문에 깊은 공허와 좌절을 경험합니다.

세 번째 무대에 있는 아들에 대해 누가복음 15장에는 이런 묘사가 나옵니다. "그가 모든 것을 탕진했을 때에, 그 지방에 크게 흉년이 들어서, 그는 아주 궁핍하게 되었다"(눅 15:14, 새번역). '탕진', '흉년', '궁핍'은 아들이 선택한 삶에서 본래 추구하던 것을 찾지 못했다는 것을 의미합니다. 그리고 계속해서 이렇게 묘사합니다. "가서 그 나라 백성 중 한 사람에게 붙여 사니 그가 그를 들로 보내어 돼지를 치게 하였는데 그가 돼지 먹는 쥐엄 열매로 배를 채우고자 하되 주는 자가 없는지라"(눅 15:15-16).

아들은 드디어 환상에서 깨어납니다. 그가 지금까지 자기 자신이라 생각했던 것들이 얼마나 거짓된 것이었는지, 사실을 알게 됩니다. 환상에서 깨어났을 때 자신의 벌거벗은 모습은 너무 추하고 초라했습니다. 그러한 상황에서 아들은 진정한 자기 자신이 누구에게 속해 있어야 하는지 어렴풋이 깨닫게 됩니다.

깨어나는 아들의 모습은 이렇게 묘사되어 있습니다. "이에 스스로 돌이켜 이르되 내 아버지에게는 양식이 풍족한 품꾼이 얼마나 많은가 나는 여기서 주려 죽는구나 내가 일어나 아버지께 가서 이르기를 아버지 내가 하늘과 아버지께 죄를 지었사오니 지금부터는 아버지의 아들이라 일컬음을 감당하지 못하겠나이다 나를 품꾼의 하나로 보소서 하리라 하고"(눅 15:17-19).

이 무대에 선 아들은 거짓된 자아로부터 깨어나는 인간의 모습입니다. 다 잃었지만, 진정한 의미에서 잃은 것이 아닙니다. 참된 것을 위해 값을 지불한 것입니다. 거짓된 자아에서 깨어나게 되는 동기는 배신, 실패, 질병, 재난, 상실 등입니다. 모래 위에 지은 집이 비, 바람, 폭풍에 다 무너진 것과 같은 현상입니다.

네 번째 무대, 즉 마지막 장면입니다. "이에 일어나서 아버지께로 돌아가니라 아직도 거리가 먼데 아버지가 그를 보고 측은히 여겨 달려가 목을 안고 입을 맞추니 아들이 이르되 아버지 내가 하늘과 아버지께 죄를 지었사오니 지금부터는 아버지의 아들이라 일컬음을 감당하지 못하겠나이다 하나 아버지는 종들에게 이르되 제일 좋은 옷을 내어다가 입히고 손에 가락지를 끼우고 발에 신을 신기라 그리고 살진 송아지를 끌어다가 잡으라 우리가 먹고 즐기자 이 내 아들은 죽었다가 다시 살아났으며 내가 잃었다가 다시 얻 었노라 하니 그들이 즐거워하더라"(눅 15:20-24).

아들은 드디어 일어나 아버지에게로 돌아가 아버지 품에 안깁니다. 아들은 그가 본래 속해야 할 자기 집으로 돌아 옵니다. 그리고 그전과는 달리 아버지와 사랑의 교제 가운 데서 살게 됩니다. 그는 거기서 전에 그가 경험했던 고갈, 무의미, 그리움이 무엇 때문이었는지 깨닫게 됩니다. 그가 진정 원하고 찾던 것들이 아버지에게 있었습니다. 마지막 무대에 선 아들은 참 자아를 찾은 인간의 표상입니다. 토 머스 머튼은 이렇게 말합니다. "영적 자아, 즉 외적 자아의 활동에 가려진 잠자는 신비의 자아는 만족을 구하지 않습 니다. 그 자아는 존재하는 것 자체로 만족합니다. 존재의 뿌리가 하나님께 있기 때문입니다"(앞의 책, 21쪽).

우리는 하나님을 믿는 사람들이지만 첫 번째 무대에 선 아 들과 같이 하나님의 현존 가운데 살면서도 하나님과 소통이 단절된 상태에서 살아갈 수 있습니다. 그러면서 늘 충동과 유혹에 시달리며 과거와 미래를 넘나들며 현실을 살지 못할 수 있습니다. 현실에 살면서 현실로부터 멀리 떨어진 환상의 세계를 그리워하면서 살아갈 수도 있습니다. 그렇지 않으면 둘째 무대에 선 아들처럼 세상의 것들을 움켜쥐고 그러한 것들과 자신을 동일시하면서 살아갈 수 있습니다. 그렇지만 자족 없이 늘 고갈 가운데서 지낼 수 있습니다. 움켜쥐고 있는 것들을 위해 하나님을 찾을 수 있습니다. 그렇지 않으면 세 번째 무대에 선 아들처럼 세상의 모든 것에 대해 그 가치와 허구성을 맛보고 깊은 절망과 좌절로 생을 방황하며 불가지론자로 살아갈 수 있습니다.

첫 번째부터 세 번째 무대 중 그 어느 곳에서도 삶의 새로운 시작은 무의미합니다. 우리의 새로운 시작의 지점은 네 번째 무대가 되어야 합니다. '나'라는 존재가 있어야 할 자리는 네 번째 무대입니다.

여정에서 만나는
피난처

시 91:1-16

"하나님은 나의 피난처이시다." 이것이 시편 91편의 기본 주제입니다. 시인은 자신이 이 세상에서 가장 안전한 곳을 알고 있다고 말합니다. 그곳은 "지존자의 은밀한 곳", "전능자의 그늘"입니다. 또한 "나의 피난처요 나의 요새요 내가 의뢰하는 하나님"이십니다(시 91:1-2).

시인은 구원의 하나님이 어떤 위험에서 어떻게 구원해 주시는지 말합니다. 하나님은 새 사냥꾼의 올무에서 건져 주시고, 심한 전염병에서 구해 주시고, 그의 깃으로 덮어 주시고, 방패와 손 방패가 되어 주십니다(시 91:3-4). 그리고 하나님은 밤에 찾아오는 공포와 낮에 날아드는 화살, 어두울 때 퍼지는 전염병과 밝을 때 닥쳐오는 재앙과 같은 테러에서 구해 주십니다(시 91:5-6).

그리고 하나님은 집단화된 악의 힘으로부터 보호하십니다. "천 명이 네 왼쪽에서, 만 명이 네 오른쪽에서 엎드러지나 … 악인들의 보응을 네가 보리로다"(시 91:7-8). 시인은 거기에 더해 천사들의 개입을 말합니다. "그가 너를 위하여 그의 천사들을 명령하사 네 모든 길에서 너를 지키게 하심이라 그들이 그들의 손으로 너를 붙들어 발이 돌에 부딪히지 아니하게 하리로다 네가 사자와 독사를 밟으며 젊은 사자와 뱀을 발로 누르리로다"(시 91:11-13).

마지막으로 하나님의 약속이 있습니다. "하나님이 이르시되 그가 나를 사랑한즉 내가 그를 건지리라 그가 내 이름을 안즉 내가 그를 높이리라 그가 내게 간구하리니 내가 그에게 응답하리라 그들이 환난당할 때에 내가 그와 함께 하여 그를 건지고 영화롭게 하리라 내가 그를 장수하게 함

으로 그를 만족하게 하며 나의 구원을 그에게 보이리라 하
시도다"(시 91:14-16).

여기서 우리가 질문해야 할 중요한 물음이 있습니다. "이
세상에서 하나님의 백성, 즉 그리스도인이 된다는 것은 어
떤 의미인가?" 예수를 믿는다는 것은 다른 세계로 옮겨 가
서, 그 세계의 삶의 방식으로 살아가는 것입니다. 그 다른
세계란 부활의 삶입니다.

그리스도인은 그리스도 안에서 하나님에 의해 용서받고,
화해를 이루고, 하나님과 사귐이 있고, 그분과 함께하는
여정에 오른 사람입니다. 그는 '하나님의 사랑을 입은 자'
라는 정체성을 가지고 삽니다. 그는 현재의 삶은 부활하신
그리스도와 함께하는 현재며, 자신의 미래는 부활하신 그
리스도의 미래임을 받아들이고 있습니다. 그는 자신이 하
나님으로부터 '그분의 이름을 거룩하게 드러내며, 그분의
나라가 오게 하며, 그분의 뜻이 하늘에서와 같이 땅에서도
이루어지게 하는' 일을 위해 기도하도록 초청받고 명령받
고 부르심 받았다는 사실을 받아들입니다.

그는 하루하루 하나님이 자신을 참된 인간 됨으로 부르시는 부르심에 응답하며 살아갑니다. 그러한 부르심은 이 현실을 떠날 때까지 계속됩니다. 그는 자기 자신의 일도 잘 관리하고 돌보지만, 다른 사람의 어려움에 대해서도 자기 일처럼 사랑의 관심을 가지고 돕습니다. 그는 전 세계적으로 흩어져 있는 하나님의 백성과 깊은 연대감을 가지고 서로 위로하고 격려하고 도우며 살아갑니다.

하나님은 이러한 삶을 잃어버리지 않고 끝까지 승리하며 살아가도록 도우십니다. 마틴 슐레스케(Martin Schleske)는 《가문비나무의 노래》(니케북스, 2014)에서 말합니다. "사람들은 때로 '신이 함께하는 것'이 세속적인 성공으로 드러난다고 오해합니다. 신이 함께한다면 반드시 성공해야 하고, 어려움이 해결되어야 한다고 여깁니다. 그러나 수많은 신앙 선조의 삶은 세속적인 성공과 전혀 가깝지 않았습니다. 하느님은 오히려 우리를 희생과 고난의 길로 이끌어 갈 가능성이 높습니다. 그 길은 희생과 고난을 기꺼이 선택하는 길입니다. 어려움이 없는 삶만을 복으로 여긴다면 우리는 믿음의 난민이 될 것입니다"(55쪽).

주의 인자하심이
영원하다

시 136:1-26

시편 136편은 바벨론 포로 후기에 쓰인 것으로, 이스라엘 순례자들이 예루살렘의 스룹바벨 성전에 모여서 예배할 때 제사장과 함께 부른 찬양으로 알려져 있습니다. 순례자들은 찬양을 통해 역사 속에 나타난 하나님의 인자하심을 오늘이라는 현실에서 재현시키고 구체적으로 적용시켜 왔습니다. 이 시편의 주제는 "주의 인자하심이 영원하다"입니다. 여기서 '인자하심'이란 하나님이 이스라엘을 대하시는 사랑을 의미합니다. 그리고 이 시편은 창조와 역사 속에서 그 인자하심이 어떻게 나타났는가를 찬양합니다.

이스라엘 순례자들은 시편 찬양을 통해 역사를 삶 속에 재현하고 새로운 삶의 결단을 갖곤 했습니다. 따라서 이 시편은 찬양을 통해 교육의 일익을 담당하기도 했습니다. 이 시편은 모두 여섯 연으로 구성되어 있습니다.

첫째 연에 해당하는 1-3절 "그 인자하심이 영원하다"(새번역)는 서시(序詩)에 해당됩니다. 인자하신 하나님은 하늘에 있는 모든 존재의 근원이시며, 그들을 지배하십니다. 그리고 땅을 다스리는 권력자들을 다스리십니다.

둘째 연인 4-9절에서 하나님의 인자하심이 온 우주를 어떻게 창조했는지를 구체적인 예를 들어 찬양합니다. 특별히 4절은 둘째 연의 주제가 됩니다. 여기서 하나님의 위대한 행위를 '기적'(새번역)이라는 말로 함축하고 있습니다. 그리고 5-9절에 우주를 창조하신 하나님의 행위를 구체적으로 열거하는데, 그 배후에는 인간에 대한 하나님의 깊은 배려와 사랑이 숨겨져 있습니다. 단순히 창조를 위한 창조가 아니라는 사실을 말해 줍니다.

그다음 셋째 연으로 10-22절은 출애굽에서 가나안 정복까지 이스라엘의 역사를 함축한 것입니다. 여기서 인자하신 하나님이 인간, 즉 이스라엘의 역사에 개입해 이루어 가신 기적을 선별적으로 발췌했습니다. 여기서 발췌된 사건은 애굽에 내리신 재앙, 그리고 홍해의 기적, 광야에서 보호와 인도, 요단 동편 왕들의 진멸, 가나안 정복, 토지의 분배 등입니다. 인간 역사는 하나님이 미리 짜 놓으신 각본대로 되는 것은 아닙니다. 그러나 인간 역사에서 이루어지는 사건들에 대해 하나님은 매우 깊은 관심을 가지고 계십니다.

넷째 연인 23-24절은 이스라엘의 사사 시대를 이은 열왕 시대를 말합니다. 특별히 하나님이 바벨론 포로에서 구원해 내신 사실을 감사합니다. 이어서 다섯째 연에 해당하는 25절은 오늘의 필요를 채워 주신 하나님을 향한 감사입니다. 창조주 하나님, 구원의 하나님은 인간의 일상에 필요한 것들에 대해서도 깊은 관심을 가지고 계시는 분입니다. 마지막 여섯째 연인 26절은 "하나님께 감사하여라"(새번역)라는 결론을 내립니다.

시편 136편은 이렇게 끝나지만, 우리에게는 아직 써야 할 일곱째 연의 중요한 내용이 있습니다. "세상을 극진히 사랑하셔서 그의 아들 예수 그리스도를 보내신 하나님께 감사하여라. 그 인자하심이 영원하다. 십자가에 죽으신 그의 아들을 다시 살리신 분께 감사하여라. 그 인자하심이 영원하다. 만물을 새롭게 하시는 하나님께 감사하여라. 그 인자하심이 영원하다. 아멘."

이 시편에서 반복되는 "그 인자하심이 영원하다"(새번역)라는 말씀은 삶을 긍정할 이유가 됩니다. 하나님의 인자하심이 영원하기 때문에 우리는 삶의 의미, 목적을 갖게 됩니다. 그리고 사랑, 정의, 평화, 희망을 포기하지 않습니다. 이 시편에 '감사'라는 말이 여러 번 반복해서 나오는 것은 한 개인의 차원을 넘어섬을 의미합니다. 우리가 아무리 어려운 현실에서 살아도 삶을 포기하지 않고 살아갈 삶의 위대한 긍정을 품게 하는 말씀입니다.

우리가 사는 현실에는 질병, 정치적 불안정, 재난, 경제적 불안정, 불확실한 미래에서 오는 불안, 난민, 점점 다가오는 자연의 재해로 인한 지구 종말과 같은 어려움들이 있습니다. 그러한 가운데서도 우리가 믿음, 희망, 사랑을 포기하지 않고 살아갈 분명한 이유가 있습니다. 그것은 "하나님의 인자하심이 영원하다"입니다.

질병, 가난, 전쟁, 재난, 분쟁, 고통 등 인간 역사에서 이루어지는 온갖 어두운 일들 가운데서도 이 우주에서 계속 메아리쳐 오는 소리가 있습니다. "주님의 인자하심이 영원하다"입니다. 그 메아리는 주님이 오시는 그날까지 하나님의 백성이 잠자는 영혼들을 깨우는 희망의 나팔 소리가 되어야 합니다.

하나님의 자녀들은 이 세상에서 불의한 자들, 거짓된 자들, 포악한 자들, 우매한 자들, 우상 숭배자들과 함께 한숨과 눈물, 탄식으로 가득한 세상을 만들어 가는 사람들이 아닙니다. 그러한 세상은 주님이 마지막 날 승리의 나팔과 함께 오실 때 하나도 남는 것이 없이 모두 불타 없어지게 됩니다. 하나님의 자녀들인 우리는 인자하심이 영원한 하나님과 함께 평화, 정의, 사랑의 세상을 만들어 갑니다.

그러한 세상은 주님이 오실 때 불타 없어지지 않는 영원히 남아 있는 세상입니다.

우리는 주님이 오시는 그날까지 끝까지 신실하며, 참되며, 불의와 짝하지 않으며, 서로 사랑하고 위로하며, 하나님께 "주님의 인자하심이 영원하다"는 감사의 찬양을 합니다. 하나님의 인자하심 가운데서 일어나는 일들은 창조, 구원, 감사, 희망, 기쁨입니다.

최선의
선택

시 16:1-11

시편 16편은 시인이 자기 시대에 어떤 어려운 상황에 처해서 하나님의 도우심을 요청하는 시가 아닙니다. 시인 자신과 하나님의 관계를 노래하는 시입니다. 시인은 하나님과의 관계에서 하나님을 '나의 피난처', '분깃', '상담자', '생명'으로 묘사합니다. 그리고 그러한 삶에서 진정한 안식과 행복을 발견하게 됩니다. 시인은 그러한 기초 위에 세워진 삶이 현실을 넘어서 영원으로까지 이어진다는 사실을 말하고 있습니다. 사도 베드로는 오순절 설교에서 이 시편 8-11절 내용을 그리스도의 죽음과 부활을 확증하는 데 인용합니다(행 2:25-28).

시는 "주께 피하나이다"(시 16:1)로 시작됩니다. '주께 피한다' 또는 '도피처'라는 말은 하나님께 피하면 모든 재난에서 면제받는다는 의미가 아닙니다. 시에서 말하는 도피처는 사막에서 발견한 오아시스, 생의 참된 행복이 있는 곳, 일상에서 매우 소중하고 값진 보화가 묻혀 있는 곳을 의미합니다. 진정한 행복을 위해서 인간이 할 수 있는 최선의 선택은 하나님께 피하는 길밖에 없습니다.

시인은 2절에서 도피처가 되시는 하나님을 '나의 주님'으로 묘사합니다. 시인은 삶의 기로에서 아주 희망적인 새로운 이웃들과 그렇지 않은 사람들을 만나게 됩니다. 먼저 시인이 만난 사람들은 하나님을 잘 섬기는 존귀한 자들, 즉 낡은 삶의 방식을 벗어 버리고 새로운 희망의 지평을 향해 나아가는 사람들입니다. 한편 그 반대에는 생의 염려와 근심에서 벗어나지 못하고 생의 괴로움에 묶여서 우상을 섬기며 살아가는 사람들이 있습니다.

시인은 새로운 삶을 같이 살아갈 수 있는 이웃을 만나게 된 것이 큰 기쁨이 된다고 말합니다. 그리고 다른 신을 섬기며 그러한 신들에게 예물을 드리는 자들과의 관계를 끊어 버립니다. 그들이 행하는 삶의 방식들을 모두 멀리합니다. "땅에 있는 성도들은 존귀한 자들이니 나의 모든 즐거움이 그들에게 있도다 다른 신에게 예물을 드리는 자는 괴로움이 더할 것이라 나는 그들이 드리는 피의 전제를 드리지 아니하며 내 입술로 그 이름도 부르지 아니하리로다"(시 16:3-4).

주님께 피한 삶을 선택한 시인은 부유한 자, 건강한 자존감을 가진 자로 살게 됩니다. 시인에게 하나님은 그의 생명을 유지시켜 주는 생명의 공급자이시며, 그분 안에 그의 미래가 있고, 하나님 당신이 영원한 분깃이 되십니다. "여호와는 나의 산업과 나의 잔의 소득이시니 나의 분깃을 지키시나이다 내게 줄로 재어 준 구역은 아름다운 곳에 있음이여 나의 기업이 실로 아름답도다"(시 16:5-6).

하나님은 시인에게 아주 유능한 멘토로서 모든 상황을 초월해 시인과 함께하시며, 시인에게 그의 인생을 아름답게 지어 갈 수 있는 지혜의 길을 알려 주십니다. "나를 훈계하신 여호와를 송축할지라 밤마다 내 양심이 나를 교훈하도다 내가 여호와를 항상 내 앞에 모심이여 그가 나의 오른쪽에 계시므로 내가 흔들리지 아니하리로다"(시 16:7-8).

시인에게 하나님과 함께하는 삶은 그 자체가 그의 기쁨이며 행복입니다. 그리고 그러한 삶에 진정한 휴식도 있습니다. 그분과 함께하는 삶은 현실에서만 아니라 죽음을 넘어서 영원한 삶으로 이어집니다. "이러므로 나의 마음이 기쁘고 나의 영도 즐거워하며 내 육체도 안전히 살리니 이는 주께서 내 영혼을 스올에 버리지 아니하시며 주의 거룩한 자를 멸망시키지 않으실 것임이니이다"(시 16:9-10).

시의 결론 부분에 해당하는 11절에서 시인은 하나님이 시인 자신을 아름다운 삶, 자족한 삶의 길로 인도하시니 그 자체가 그의 기쁨이며 행복이라고 말합니다. "주께서 생명의 길을 내게 보이시리니 주의 앞에는 충만한 기쁨이 있고 주의 오른쪽에는 영원한 즐거움이 있나이다"(시 16:11).

시편 16편을 이해하기 쉽게 써 보면 다음과 같습니다. "나는 당신 안에서 도피처를 찾았습니다. 주님은 나의 존재의 근원, 영원한 안식처, 행복의 근원이 되십니다. 나는 주님 안에서 진정 교제를 나눌 이웃을 만났고 허무와 공허를 낳는 모든 헛된 일에서 벗어났습니다. 내가 행복하게 살 수 있는 선한 것이 주님 안에 있고, 나의 미래 역시 주님 안에 있습니다. 주님은 날마다 나에게 만물을 새롭게 볼 수 있는 새로운 전망을 열어 주시며, 밤마다 나의 마음을 주님께 고정시켜 주십니다. 나의 존재의 근원, 주님이 언제나 나와 함께하시므로 나는 흔들리지 않습니다. 주님, 참으로 감사합니다. 나는 주님으로 인해 진정 행복한 삶을 살게 되었습니다. 그리고 주님 안에서 죽음 저 너머에 있는 영원한 본향을 바라보게 되었습니다. 주님은 나를 그곳으로 인도하십니다. 주님, 당신과 함께하는 삶에 진정 다함없는 기쁨이 있습니다. 이러한 삶을 그 누구도 앗아 가지 못할 것입니다."

그리스도인들에게는 주님 안에서 이루어지는 새로운 삶이 있습니다. 그것은 하나님에 대한 믿음에서 형성되는 하나님과 깊은 사귐, 교제입니다. 그 사귐에는 어떤 것도 파고들지 못합니다. 심지어 사망의 음침한 골짜기를 넘어설 때도 그 관계는 깨어지지 않고 그대로 유지됩니다.

하나님과의 사귐은 세상 것들이 다 소멸되고 없어지는 순
간에도 없어지지 않습니다. 이 현실에서 어떤 재난과 역경
에도 흔들리지 않고 무너지지 않는 삶이 그리스도와 함께
하는 삶에 있습니다. 그것은 매우 특별한 존재 방식입니
다. 어떤 것에도 흔들리지 않고 무너지지 않는 존재 방식
입니다. 눈에는 보이지 않아도 다른 종류의 삶과 현저한
차이를 나타내게 됩니다.

예를 들어, 내가 전염병 감염 판정을 받아 홀로 있을 때에
도 주님은 나와 함께하십니다. 그때 나는 주님께 이렇게
기도드릴 수 있습니다. "주님, 나를 떠나지 않으시고 나와
함께 계심을 감사드립니다. 주님, 이 바이러스가 나에게
때로는 외로움, 우울, 죽음의 공포를 느끼게 합니다. 그러
나 주님의 십자가 고통에 비하면 아무것도 아닙니다. 비
록 이 바이러스로 죽는다 해도 이 바이러스가 나를 스올로
데려가지 못하고, 주님이 영원한 새 세상으로 나를 인도해
주실 것을 믿습니다."

마술과
신앙

삼상 4:5-11

우리가 살고 있는 세상에는 우리의 의지와는 관계없이 여
러 가지 자연의 사건, 즉 홍수, 태풍, 지진, 화산 폭발, 천
둥, 번개, 일식, 월식, 사계절의 변화가 발생합니다. 한편
우리 사회에서는 질병, 사고, 죽음, 전쟁이 있습니다. 인간
은 이러한 재해 앞에서 무력합니다. 그리고 이러한 현상들
앞에서 공포와 불안을 갖게 됩니다. 특히나 이러한 현상들
의 발생 원인을 합리적으로 설명할 수 없었던 미개인들에
게 이것들은 모두 신비였습니다. 미개인들은 이러한 현상
들을 변덕스러운 신의 행동으로 받아들였습니다. 그들은

자신의 운명이 이 신의 수중에 있다고 믿었습니다.

과학의 발달로 자연 현상과 인간 사회에서 발생하는 사건들의 신비의 베일이 벗겨지기 시작했습니다. 과학은 이러한 사건들의 발생 원인을 밝혀 주기도 하고, 미리 예보하거나 불행을 대비하는 방안도 제시해 주었습니다.

그러나 과학은 여전히 원시 시대부터 인간들이 가지고 온 문제, 즉 공포와 불안은 해소시켜 주지 못하고 있습니다. 오히려 현대인들은 미개인들이 느끼지 못했던 도덕적 가책, 삶의 의미, 죽음, 전쟁, 새로운 질병, 인간 불신, 핵, 자연의 질서가 깨어지는 데서 오는 여러 가지 환경 문제 등으로 인해 삶의 공포와 불안이 더 심화되면서 삶 자체가 무거운 짐이 되고 있습니다. 마치 어린아이 시절에 가졌던 막연한 의문과 불안이 점점 자라면서 구체적인 실존의 문제로 대두되는 것과 같습니다.

과학이 인간 생활에 끼친 영향은 매우 큽니다. 과학은 자연의 신비를 규명했고, 질병의 발생 원인을 밝혀 나가고 있습니다. 그리고 생활에 편리한 각종 기구들을 계속 발명합니다. 그러나 과학이 인간을 마술에서 해방시키지는 못하고 있습니다. 마술적 심성이란 처음부터 인간이 짊어지고 있는 고통의 짐입니다. 우리 시대의 최악의 질병은 신경 질환과 정치적 분쟁입니다. 이러한 것들은 과학의 진보에도 불구하고 그 집요한 마술적 심성에 뿌리박고 있습니다. 그러므로 인간을 진정 마술적 심성으로부터 해방시키기 위해서는 참된 영성이 필요합니다. 그것이 기독교 영성입니다.

믿는 사람이나 믿지 않는 사람 모두 마술의 유혹에 걸려들기 쉽습니다. 특히 믿는 사람이 그의 생의 목적을 돈, 성공, 명예, 권세에 둘 때 마술의 유혹을 받게 됩니다. 그러한 것들은 우리를 행복하게 할 수 없습니다. 그럼에도 불구하고 그러한 것들이 행복을 줄 수 있다고 믿는 것 자체가 이미 마술의 유혹에 걸려든 것입니다. 그러한 것들을 성취하기 위해 인간은 하나님을 이용하려 하지만, 하나님은 결코 그런 데에 이용당하지 않으십니다. 하나님은 어디까지나 하나님이십니다.

사무엘상 4장 5-11절을 보면, 사사 시대에 이스라엘과 블레셋의 싸움이 나옵니다. 이스라엘은 블레셋과 맞서 싸워 패했습니다. 그들은 패배의 원인이 법궤가 없기 때문이라고 단정하고 법궤를 진중으로 옮겨 놓았습니다. 이스라엘 백성의 사기는 충천했습니다. 블레셋을 당장 이길 것 같았습니다. 그런데 정작 싸움에서 또 패했습니다. 그리고 법궤까지 빼앗겼습니다.

이스라엘은 법궤 자체에 신비한 힘이 있다고 믿었습니다. 법궤가 하나님이 그들 가운데 계심에 대한 상징임을 알지 못했습니다. 이스라엘이 하나님을 멀리하고 이방 신을 섬길 때는 법궤가 그들 가운데 있어도 하나님은 그들과 함께하지 않으십니다. 이스라엘이 블레셋에게 패배한 것은 법궤가 없어서가 아니라, 그들이 범죄하여 하나님을 멀리 떠났기 때문입니다. 이스라엘이 전쟁에 패한 사건을 통해 하나님이 그 사실을 그들에게 말씀하셨습니다.

하나님은 우리에게 여러 경로를 통해서 말씀하십니다. 인간이 하나님을 경험하는 통로는 영성의 패턴과 밀접한 관련이 있습니다. 우리는 성서나 좋은 신학 서적 또는 성례전, 은사, 자연, 사건, 설교, 교리, 치유 경험 등 다양한 통로를 통해 하나님을 경험하게 됩니다. 그러한 것들을 통해 하나님을 경험할 때 우리에게 찾아오셔서 만나 주신 하나님께 집중하기보다 매개체 자체를 신성시하고 집착해서 그것을 하나님처럼 섬기기도 합니다. 그러한 경우 그는 하나님을 섬기는 것이 아니라, 마술에 매여 있는 것입니다.

인간의 마음은 하나님을 전체적으로 파악하기에는 너무도 작습니다. 그러므로 인간의 마음은 하나님의 속성 가운데 하나에만 매달려 그 중요성을 과장해 그 위에 생활의 체계를 세우려 합니다. 성서, 교회, 교리, 경험, 묵상, 의식(儀式), 영적 선물, 그리고 자연의 선물 등 이러한 모든 것은 다 각각 진실한 가치를 지니고 있습니다. 그러나 우리가 그런 것들 안에 하나님을 제한시키려고 한다면, 그로써 우리는 모든 것을 끝나게 하는 것이 됩니다.

신앙과 마술 사이의 경계선은 명확히 정의하기 어려운데, 그것은 겸손과 교만 사이, 즉 하나님을 찾는 겸손한 추구와 하나님을 소유했다고 주장하는 교만 사이의 경계선이라는 것을 우리는 알아야 합니다. 이것이 그리스도인들을 분리, 대립시키는 모든 분쟁의 심리적 요인입니다.

이스라엘 백성은 일찍이 마술 신앙이 아닌 하나님의 영으로 세상을 보는 영성을 가진 백성으로 역사의 무대에 등장할 수 있었습니다. 이스라엘 백성이 살던 시대에 그들을 둘러싼 주변 상황은 모두 마술 신앙에서 깨어나지 못한 문화였습니다. 그러한 상황에서 이스라엘 백성만은 유일하게 창조주 하나님을 믿는 영성을 가진 백성이었습니다. 시편 8편은 그 시대에 진정 경탄할 세계관을 열어 놓은 시입니다.

그러면 우리는 어떻게 하면 마술의 유혹에서 벗어나 진정 자유한 인간이 될 수 있을까요? 하나님 아닌 것에 집착하거나 그것을 의존하려는 것 자체가 마술의 유혹에 말려드는 것입니다. 마술에 묶여 있지 않기 위해서는 지속적으로 깨어나면서 하나님과 사랑의 교제를 깊게 해야 합니다. 그것을 다른 말로 표현한다면, 인격이 되어 가는 것입니다.

그러면 인격이란 무엇인가요? 인격이란 하나님께 의존함
으로써 자기 자신으로부터 자유롭게 되며, 하나님 앞에서
스스로 책임을 지는 어른다운 인간이 되어 가는 일입니다.
하나님은 우리를 '나'라는 고유한 인격으로 불러내십니다.
하나님은 우리의 이름을 부르시며 나 자신으로 불러내십
니다. '나'라는 존재는 이 세상에서 유일합니다. 나와 같은
사람은 없습니다. 하나님은 그 유일한 나로 지으셨고 불러
내십니다. 고유한 나는 피조물 중 어떤 것과도 동일화시킬
수 없습니다. 오직 하나님과 진정한 교제를 가질 때만 진
정한 인격이 될 수 있습니다.

마술에서 깨어나기 위해서 우리는 우리가 살고 있는 이 세
상에서 일어나는 모든 사건의 의미를 물어야 합니다. 과학
적 관점에서 모든 사물은 중립적입니다. 신앙의 관점에서
도 하나님에게서 분리된 모든 사물은 중립적입니다. 그러
나 하나님과 함께할 때 모든 것이 의미를 지니게 되고, 긍
정적이든 부정적이든 가치를 지니게 됩니다. "하나님이 이

일 혹은 이 사물을 통해 나에게 무엇을 말씀하시는가?" 하고 그것의 의미를 물을 때 우리는 마술에서 깨어날 수 있습니다. 내가 바라보고 있는 별이나 내게 말을 걸고 있는 친구, 나를 사로잡고 있는 어려움이나 고난을 통해 하나님이 내게 무엇을 말씀하시는가를 자문하는 일 말입니다.

그러나 우리는 사물의 참된 의미를 탐구하는 데 실수를 저지르지 않는다고 말할 수 없습니다. 우리의 마음은 참으로 좁고, 지혜는 참으로 우둔하며, 눈은 참으로 흐리고, 귀는 정말로 어둡기 때문에 하나님은 가끔 우리에게 집중적인 표징을 사용해 이해를 강요하실 때도 있습니다. 사물의 의미를 탐구하는 데는 단호한 자기비판이 요구됩니다.

사물의 의미와 하나님의 뜻을 탐구하는 일은 잘못이나 의심에서 우리를 모면시켜 주지는 않습니다. 또한 우리 운명의 모든 신비 혹은 자연이나 생활에서 생겨나는 풀기 어려운 문제를 다 해결해 주는 것도 아닙니다. 그렇지만 그것은 우리의 생활에 새로운 의미를 부여하고 우리를 마술의 심성에서 깨어나게 합니다.

참된 신앙인은 비록 신앙이 자기를 질병에서 해방시키지 못하고 질병의 고통을 감소시켜 주지 못한다 하더라도 이전과 마찬가지로, 아니 그 이상으로 열심히 신앙생활을 합니다. 그에게 삶이란 하나님을 찾고 그분의 음성을 듣는 것이기 때문입니다. 그의 귀는 자신의 질병을 통해 하나님이 하시는 말씀에 열려 있으며, 이는 때로 매우 풍요한 경험이 되기 때문에 그는 자신의 질병마저도 감사합니다.

우리는 성서 전체에서 우리와 같은 자연 그대로의 인간, 즉 잘못을 저지를 수 있는 이들을 만나게 됩니다. 그들은 우리와 마찬가지로 하나님을 발견하는 가운데 자신이 가야 할 길을 깨닫습니다. 그리고 그들은 우리처럼 모든 사물이 의미를 가지고 있다는 것, 모든 것은 우리가 하나님을 더 잘 알도록 하는 일을 도울 수 있다는 것을 믿습니다.

우리가 살고 있는 현실 세계를 조금만 깊이 들여다보면 이 지구상에서 일어나는 모든 일이 영적 싸움이라는 것을 알 수 있습니다. 악한 영은 마술적 심성에서 깨어나지 못하는 사람들로 하여금 하나님 아닌 것들을 붙잡게 만듭니다.

거짓된 이념, 환상, 각종 약물 중독, 거짓된 행복론 등입니다. 이들을 마술적 심성에서 깨어나게 할 수 있는 사람들은 하나님의 영으로 인도받으며 살아가는 하나님 나라의 백성뿐입니다.

우리는 매 순간 도상에 있으며, 이 여정이 언제 끝날지는 아무도 모릅니다. 그것은 우리에게 알려져 있지 않습니다. 그러나 이 길은 부활하신 주님과 함께하는 여정이며, 우리의 미래는 부활하신 주님의 미래입니다.

네가 원하는 삶이
무엇이냐?

요 5:1-9

예루살렘에 베데스다라는 못이 있는데, 거기에는 주랑(행각)이 다섯 있었습니다. 이 주랑 안에 시각 장애인, 지체 장애인, 중풍 병자 등 수많은 병자들이 누워 있었습니다. 그곳에 많은 병자들이 모인 이유는 그 못에 치유의 능력이 있다는 전설 때문입니다. 그곳에 이따금 주의 천사가 내려와 물을 휘젓곤 했는데, 물이 움직일 때 맨 먼저 못에 들어가는 사람은 무슨 병이라도 다 낫는다는 전설이 있었습니다. 그러한 이유로 많은 병자들이 모여들어 물이 움직이는 때를 기다리고 있었습니다.

'베데스다'는 아람어로 '자비의 집'이라는 뜻입니다. 이 못은 주전 200년경 마카비 시대에 희생 봉헌 행사에 사용할 물이 필요해서 축조되었습니다. 처음에는 희생 제물인 양을 파는 시장 가까이에 있어서 '양의 문'이라 불렸습니다. 사람들은 이 못에서 희생에 쓸 양들을 씻었습니다.

그 후 헤롯이 성전을 개축하면서 주랑 다섯 개를 세우고 로마의 공공 목욕탕처럼 만들었습니다. 그리고 이스라엘이 그리스의 지배를 받으면서 베데스다는 병자들의 치료를 위한 곳으로 사용되었습니다. 그 시대 치료 방법으로, 흐르는 맑은 물에 몸을 씻고 진흙 마사지를 받게 했습니다. 그러한 치료 방법이 알려지면서 베데스다에는 병자들이 모여들었고 자연스럽게 치료하는 집이 되었습니다.

베데스다 못은 두 개의 저수조로 되어 있는데 하나는 바위를 파서 만들었고, 다른 하나는 큰 화강석 덩어리로 만들어져 있습니다. 두 저수조 사이에 돌 벽이 있는데, 물이 북쪽 저수조에서 남쪽 저수조로 흐르도록 되어 있습니다. 북쪽 저수조에 일정한 양의 물이 차면 수문을 열어서 남쪽 저수조로 흘려 보냈는데, 그때 병자들은 물이 동한다고 여겼습니다.

오랜 시간이 흐르면서 베데스다가 매우 신비로운 곳으로 알려지면서 많은 병자들이 모여들게 되었습니다. 그러나 베데스다 못은 병자들을 낫게 하기보다 그들의 삶을 더욱 더 미궁으로 빠져들게 했습니다. 병이나 장애는 그 자체보다 병 때문에 주변 상황에 먹힘을 당하는 것이 더 무섭습니다. 베데스다 못가에 모여든 사람들은 거짓된 마술의 힘에 사로잡혀 있었습니다.

예수께서 그곳에 나타나시어 38년 동안이나 앓고 있는 사람을 만나셨습니다. 그는 오랜 기간 중풍으로 자리에 누워 있었습니다. 특별히 복음서 저자가 '오랜 기간'이라고 강조한 것은 이 병자가 거의 가망이 없다는 점을 말하려는 것입니다. 예수님은 그 사람을 보시고 "네가 낫고자 하느냐?"고 물으셨습니다. 오래된 병자에게 "네가 낫고자 하느냐?"는 질문은 너무나 당연한 물음이라고 생각됩니다. 그런데 예수님이 그러한 질문을 그 중풍 병자에게 던지셨습니다.

그 사람이 예수께 이렇게 대답했습니다. "주님, 물이 움직일 때에, 나를 들어서 못에다가 넣어 주는 사람이 없습니다. 내가 가는 동안에, 남들이 나보다 먼저 못에 들어갑니다"(요 5:7, 새번역). 그곳의 모든 병자들과 마찬가지로, 이 병자는 자신이 낫지 못하는 이유가 자기가 다른 사람들보다 빠르지 못하기 때문이라고 생각했습니다. 그는 주님을 만나는 순간까지 자기보다 더 빠른 사람, 더 나은 능력을 가지고 있는 사람 때문에 병이 낫지 못했다고 여겨 온 것입니다.

그러나 예수님은 그의 문제가 다른 사람에게 있는 것으로 보지 않으셨습니다. 그의 병은 육체적인 것 이전에 마음에 있음을 인지하시고 "네가 낫고자 하느냐?"고 물으셨습니다. 예수님은 먼저 그가 자기 자신, 즉 자신의 의지와 대면하도록 하셨습니다. 다른 사람들이 그보다 더 낫고 더 빠른 존재인지 여부는 예수님께 그다지 중요한 사항이 아니었습니다. 예수님께 중요한 것은 그가 자신의 삶을 어떻게

살아가고자 하는가, 자신에 대한 책임을 스스로 짊어지고
자 하는지였습니다.

예수님이 병자에게 낫고자 하느냐고 하신 질문은 "다른 사
람이야 어떠하든지 너는 지금 너의 현실을 떠나서 새로운
삶을 살고 싶으냐? 너는 지금 네 삶에 대한 책임감도 없이
피곤하게 경쟁하지 않아도 되는 너의 현재 상태를 다른 사
람 핑계를 대며 은근히 즐기는 것이 아니냐? 네가 그 자리
를 떨치고 일어나서 정말 하나님이 창조하신 새로운 운명
의 사람으로서 살아가기를 마음으로 동의하고 있느냐? 마
음은 전혀 동의하지 않으면서 입술로만 그렇다고 하면서
새 삶을 살지 못하는 것은 전부 다른 사람 때문이라고 책
임 지우고 있는 것이 아니냐?"는 의미였습니다.

예수님은 그의 마음을 깊이 보시고 "네가 정말 구원받고자
하느냐? 네가 정말 하나님께 가까이 가고자 하느냐? 정말
쾌락을 주고 책임을 피하게 해 주었던 옛 생활의 즐거움에
서 벗어나 살고자 하느냐?"고 물으신 것입니다.

본문에 등장하는 병자는 육체적인 병보다 마음의 병이 더 깊었습니다. 그는 그러한 병든 마음으로 38년을 그렇게 살았습니다. 그는 핑계와 비교에 너무 깊이 젖어 그러한 삶을 내면적으로 즐기고 있었습니다. 그러나 이제 더 이상 그런 삶에 머물러 있을 수 없는 단도직입적인 물음을 예수님으로부터 받은 것입니다. 예수님은 그가 더 이상 그 상태에 머물러 있도록 허락하지 않으셨습니다.

안셀름 그륀(Anselm Gruen)은 그의 책《참 소중한 나》(성바오로출판사, 2007)에서 예수님이 병자에게 "일어나서 네 자리를 걷어 가지고 걸어가거라"(요 5:8, 새번역)라고 하신 말씀에 담긴 뜻을 다음과 같이 풀이합니다. "너는 일어날 수 있고 걸어갈 수 있다. 비교하지 말고 불평하지 말며 울지도 말라! 일어나라, 네 몸을 일으켜 세워라, 꼿꼿이 서라! 너는 갈 수 있다. 벌써 가고 있다"(27쪽).

그 병자는 자기의 자리를 걷어 가지고 걸어갔습니다. 그는 더 이상 핑계의 자리에 누워 있지 않고 그것을 둘둘 말아 걷어서 걸어갔습니다. 그에게서 중풍 증세가 빠져나갔습니다. 예수님을 만난 이후 병증은 더 이상 그를 사로잡지도, 그의 삶을 방해하지도 못했습니다. 그 자리에 있던 다른 병자들은 그 광경을 목격하고 진정한 구원자가 그들을 찾아오셨다는 것을 알게 되었습니다.

그날은 안식일이었습니다. 그 광경을 지켜본 형식주의자들, 생명보다 체면을 더 소중히 생각하는 자들, 본질보다 겉보기를 더 사랑하는 자들에게는 그 사건이 굉장히 잘못된 것으로 비쳤습니다. 진정 부끄러워해야 할 것을 부끄러워할 줄 모르고, 부끄러워하지 않아도 될 것을 두렵게 생각하는 그들에게 그 사건은 시비거리가 되었습니다.

그 시대 유대 사회에서는 많은 사람들이 지도 그룹인 형식주의자들의 규정에 맞추어 살아가야 했습니다. 형식주의자들의 논리, 말, 시선에 맞게 살아야 소외를 당하지 않기 때문이었습니다. 그렇게 사는 동안 자기 자신을 잃어버리고 자신을 소외시키게 되었습니다. 그들의 삶의 표준은 하나님의 말씀이 아니라 형식주의자들의 논리가 되었고, 하나님이 아니라 형식과 규정을 섬기게 되었습니다.

대부분의 사람들이 자신의 불행, 실패, 병듦, 고난, 나쁜 습관의 원인은 다른 사람들 때문이라고 생각합니다. 특히 자녀들은 자기 부모를 통해서 그런 것을 받았다고 이야기할 수 있습니다. 그들은 그러한 부정적인 상태에 도피해서 내심으로는 즐기며 그 책임을 다른 사람에게 떠넘깁니다. 그래서 겉으로는 울상을 짓고 있지만 내면으로는 미소를 짓는 자신의 모습을 볼 수 있습니다. 그런 사람들은 다른 사람과 비교하며 자기 자신으로 살아가지 못합니다. 그들은 자기 자신이나 자신의 가치와 삶을 독자적으로 인식하지 못하고 끊임없이 자신을 다른 사람과 비교, 평가합니다.

예수님은 우리가 그렇게 살아가는 것을 원치 않으십니다. 예수님은 다른 사람과 비교해서 우리를 평가하지 않으시고, 우리 자신을 있는 그대로 보시고 받아들이고 인정하시면서 이렇게 말씀하십니다. "너는 너 자신을 다른 사람과 비교하며 정의하고 있지만, 나는 너를 그렇게 보지 않는다. 내가 너를 선택한 것은, 너를 치유하고자 하는 것은, 너를 사역자로 세우고자 하는 것은 네가 누구보다 낫기 때문이 아니다. 내가 너를 사랑하고 귀하게 여기기 때문에 찾아온 것이다. 네가 낫고자 하느냐?"고 물으십니다.

예수님은 우리에게 우리 자신의 삶에서 본래 원하는 것이 무엇이냐고 물으십니다. "네가 지금 내세우는 정의, 사랑, 책임 같은 것들이 체면용 가면이 아니냐? 네가 진정 정의, 평화, 사랑을 원하느냐? 너의 희생, 너의 책임이 따르는 삶을 원하느냐? 네가 진정 즐거워하는 삶이 무엇이냐? 네가 진정 머물고 싶은 삶의 자리가 어디냐?" "네가 낫고자 하느냐?"는 질문은 핑계를 대며 스스로 일어나서 걷기를 거부하는, 스스로를 장애에 숨기고 있는 이들에게 던지신 물음입니다.

많은 사람들이 사는 이유를 남에게 둡니다. 그러면 자기의 진실한 삶이 없습니다. 자기가 없습니다. 진정한 실존의 기반을 갖지 못합니다. 남보다 학벌이 낫다, 미모가 낫다 하는 데 집착하는 것은 우리로 하여금 삶을 더 곤고하고 비열하게 만들어 가게 합니다. 다른 사람보다 낫다는 우월 감에서 살아가는 것은 자존감이 아닙니다. 그것은 그릇된 환상입니다. 그러한 사람의 내면에는 불안, 초조, 두려움이 있습니다. 사람들은 하나님 앞에서 자기 자신이 참으로 소중하다고 인식하며 살아가지 못합니다. 자신을 상대화시킵니다.

우리는 다른 사람보다 더 낫기 때문에 사는 것이 아닙니다. 우리가 사는 것은 하나님이 나에게 나만이 살아갈 삶의 이유를 주셨기 때문에, 그렇게 살 수 있도록 필요한 것을 주셨기 때문에, 그리고 하나님이 나를 인정하시고 나를 부르고 계시기 때문입니다.

찬양하라,
주께서 하신 일

시 92:1-15

시편 92편은 이스라엘 백성이 안식일 예배에서 부르던 찬송입니다. 이스라엘 백성에게 안식일은 매우 중요한 날입니다. 그들에게 안식일은 하나님이 행하신 위대한 일을 찬양하는 날이며, 동시에 어려운 현실에서 하나님의 백성으로 살아가는 그들의 삶을 새롭게 시작할 수 있는 동기부여 날이기도 합니다.

이스라엘 백성이 현실에서 일상을 살아가는 일은 그렇게 쉽지 않았습니다. 그들은 하나님의 백성으로서 지켜야 할 율법의 짐을 멘 채 하루하루 투쟁해야 했습니다. 그들에게 안식일은 하나님의 성전에 나아와서 삶의 짐을 내려놓고, 삶을 돌아보며 회개하고, 하나님이 그들에게 원하시는 '의의 길'을 다시 확인하고 새로운 시작을 하는 날이었습니다. 뿐만 아니라 주 단위로 반복되는 안식일에는 하나님이 약속하신 영원한 안식을 그리워하며 기다리는 종말론적인 의미도 있습니다.

저자와 저작 시기가 알려지지 않은 시편 92편은 네 부분으로 구성되어 있습니다. 첫 번째 1-3절은 이 시편의 서시에 해당합니다. 두 번째 4-9절은 세상에서 이루어지는 하나님의 공의의 통치에 대한 찬양입니다. 세 번째 10-14절은 의인의 번영을 노래합니다. 마지막 15절은 시의 결론입니다.

첫 부분(1-3절)에서 시인은 "십현금과 비파와 수금으로 여호와께 감사하며 주의 이름을 찬양하고 아침마다 주의 인자하심을 알리며 밤마다 주의 성실하심을 베풂이 좋으니이다"라고 말합니다. 여기서 '아침'은 주님의 구원의 시간을, 그리고 '밤'은 이스라엘 역사의 어두운 포로 시기를 의미하기도 합니다.

시의 두 번째 내용(4-9절)에서 시인은 주님께 감사하며 그분의 이름을 찬양하는 이유를 말하고 있습니다. 시인에게 십현금과 비파와 수금으로 감사와 찬양을 할 수 있는 희망과 기쁨의 동기를 부여하신 분이 공의로 세상을 통치하시는 하나님입니다. 시인에게는 삶을 적극적으로 긍정할 수 없는 딜레마가 있었습니다. 그런데 다른 사람들에게는 숨겨져 있는 주께서 행하신 일과 주님의 깊은 생각이 시인에게 알려졌고, 그 사실을 보고 깨달으면서 시인은 자기 삶의 딜레마가 풀리고 새로운 차원에서 삶을 긍정할 수 있는 희망을 갖게 되었습니다.

시인이 깨달은 것은 세상을 통치하시는 하나님은 의로우신 분이며 공의로 세상을 통치하신다는 것과 그러한 하나님의 통치 가운데서 악인들이 일시적으로는 흥왕해도 영원히 멸망한다는 사실입니다. 이러한 사실을 악인들은 알지 못합니다. 그들은 그들의 미래가 어떨지 알지 못하니다. 그들의 미래는 하나님의 심판입니다. 그것이 그들의 미련함입니다.

반면에 하나님의 의로운 통치 아래에서는 어떤지 시인은 세 번째 내용(10-14절)에서 말합니다. 요약하면 "의인은 종려나무처럼 우거지고, 레바논의 백향목처럼 높이 치솟고, 늙어서도 여전히 열매를 맺으며, 진액이 넘치고, 항상 푸르를 것이다"(새번역)라는 것입니다. "무릇 의인들의 길은 여호와께서 인정하시나 악인들의 길은 망하리로다"(시 1:6)라고 시편 1편 기자는 고백합니다. 시인은 그의 생애에서 그러한 사실을 경험하고 보았습니다. 시인은 결론(15절)을 맺습니다. "결국 이러한 사실들이 주님의 올곧으심을, 그분의 의로우심을, 정직하심을 나타냅니다." 이것이 시편 92편의 위대한 신앙입니다.

우리 그리스도인들에게는 안식일 대신 주일이 있습니다. 우리는 주일에 모여 하나님을 찬양하며, 우리의 생의 짐을 하나님께 내려놓고, 하나님이 인정하시는 의인의 삶을 포기하지 않고 살아가고자 하는 결의를 다지곤 합니다. 우리는 단지 매주 습관적으로 모여 이러한 의식을 반복하는 것이 아닙니다. 장차 하나님에 의해 이루어질 오고 있는 영원한 안식의 때를 기다리며 이 세상에 사는 것입니다. 우리에게는 시련과 고난 가운데서 온전한 믿음의 사람이 되어 간다는 믿음과 희망에 근거한 위대한 삶의 긍정이 있습니다.

인간으로서 할 수 있는 가장 아름다운 일은 하나님을 찬양하고 감사하는 일입니다. 이러한 일을 할 수 있는 사람이 누구입니까? 하나님이 이 세상을 의로 통치하신다는 사실을 깨달은 사람입니다. 그리고 하나님과 매일의 삶에서 사귐의 삶을 살아가는 사람입니다. 그러한 신앙을 가진 사람에게서 삶은 어떤 상황에서도 긍정으로 나타납니다.

이 시의 "하나님의 의로운 통치 아래서 의인은 종려나무처럼 우거지고, 레바논의 백향목처럼 높이 치솟고, 늙어서도 열매를 맺으며, 진액이 넘치고, 항상 푸르다"(새번역)라는 표현은 하나님의 공의의 통치 아래서 하나님의 백성이 나타내 보이는 삶의 긍정적인 모습을 묘사한 것입니다. 시편

1편에서는 시냇가에 심은 늘푸른나무로 묘사되어 있습니다. "그는 시냇가에 심은 나무가 철 따라 열매를 맺으며 그 잎이 시들지 아니함 같으니, 하는 일마다 잘될 것이다"(시 1:3, 새번역).

이 말씀은 이 세상에서 하나님의 백성은 질병도 안 걸리고 고난도 없이 특별 보호를 받으며 살아간다는 뜻이 아닙니다. 하나님을 믿어도 고난에서 면제받을 수 없습니다. 그러나 그들에게는 고난의 현실에서, 또는 평안할 때 언제나 남다르게 삶을 긍정하는 특별한 삶의 표현들이 있습니다. 이러한 표현들은 오히려 고난의 현실, 어둠의 현실에서 더 감동적으로, 더 아름답게 나타납니다. 음악으로 비유하면 위로, 희망, 감사, 뉘우침과 회개로 이끄는 곡을 연주해 냅니다.

《가문비나무의 노래》의 저자 마틴 슐레스케는 하나님의 백성을 하나님의 손에 들린 악기(바이올린)에 비유했습니다. "연주자와 악기가 서로 연결되어 있듯 하느님과 우리도 서로 연결되어 있습니다. 매사에 책임을 다하는 우리의 성실함과 하느님의 일이 조화를 이룰 때, 삶의 아름다움이 유지됩니다. 기도와 일은 서로 맞물려 있고, 서로 배제하거나 소멸시키지 않습니다"(108쪽).

"우리가 다른 사람을 대하는 세심함에서 하느님의 세심함이, 우리의 깨어 있음에서 그의 임재가, 우리의 태도에서 그의 공평함이, 우리의 행동에서 그의 진리가 보입니다. 우리가 서로 원한을 품지 않고 서로 용서하는 모습에서 그의 자비가 보입니다. 서로 사랑할 때만 우리는 하느님의 일에 참여할 수 있습니다"(앞의 책, 108쪽).

"음악이 울리고, 연주자가 바이올린에서 음을 발견할 때, 악기와 연주자는 완전히 하나가 됩니다. 연주자가 바이올린이 되지는 않지만, 그는 바이올린과 온전히 하나가 됩니다. 바이올린을 연주하는 동안 뗄 수 없는 공동의 울림이 탄생합니다"(앞의 책, 108쪽).

"우리는 하느님을 '그 자체'로 듣지 않고, 다른 사람을 통해 듣습니다. 따라서 우리는 서로 하느님의 악기가 되어 주어야 하고, 각자의 소명에 맞추어 음을 내는 법을 배워야 합니다"(앞의 책, 118쪽).

"우리는 보이는 물질로만 이루어진 것이 아니라, 신비로운 의식을 가지고 있습니다. 어떻게 물질에 의식이 깃들었을까요? 생각할수록 신비롭습니다. 아담, 즉 인간은 예술과 학문을 만들어 냅니다. 사랑과 희망을 느낍니다. 제한성과 유한성으로 괴로워합니다"(앞의 책, 117쪽).

"두려움과 행복을 느끼며, 죄를 지을 수도 있고, 성실히 살아갈 수도 있습니다. 인간은 자기가 누구인지, 무엇을 해야 하는지 스스로 묻습니다. 가치 있는 것이 무엇이고, 문제 있는 것이 무엇인지 묻습니다. 지성으로 세계를 연구하고, 인간에게 인간이 수수께끼로 남습니다. 이러한 행위에 믿음이 더해져 인간 의식은 신비로운 불꽃을 갖게 됩니다. 그 불꽃으로 주위 사람들을 밝게 비출 수 있습니다"(앞의 책, 117쪽).

지난날을 돌이켜 보면, 믿지 않는 사람들보다 하나님을 믿는 그리스도인들이 하나님을 더 멀리했고, 하나님이 안 계신 것처럼 살았습니다. 그리고 하나님을 너무 무시했습니다. 믿지 않는 사람들이 오히려 교회를 바라보며 하나님이 계시지 않는다고 확신할 정도였습니다.

그러나 우리에게는 희망이 있습니다. 그것은 지금까지 역사에서 인간이 감당할 수 없는 재앙을 겪고 난 후에 더한 어둠이 찾아온 것이 아니라, 더 나은 세상이 전개되었다는 사실입니다. 지금 우리의 상황에서 가장 큰 삶의 긍정은 회개, 즉 하나님께로 돌이킴, 위로와 격려이며 이러한 것들 위에 더한 긍정은 사랑입니다.

2부

성숙으로 가는 길

하나님이
시작하신 일

빌 1:3-11

빌립보 지방에서 최초로 믿음의 공동체 구성원들은 루디아의 가족, 귀신 들렸던 여자, 간수의 가족들이었습니다. 그들은 처음에 루디아의 집에 모여 예배를 드렸습니다. 그후 빌립보에서 선한 일을 시작하신 하나님의 활동이 계속 진행되면서 빌립보 공동체는 질적, 양적으로 많이 성장했습니다. 하나님의 선한 일은 빌립보 공동체의 성도들이 바울과 함께 복음의 사역에 참여하는 과정에서 더욱 뚜렷하게 나타났습니다. 뿐만 아니라 빌립보 성도들은 옥중에 갇혀 있는 바울과 함께 고난에 참여하는 헌신적인 섬김과 기도로 바울에게 깊은 위로와 격려를 주었습니다.

하지만 그러한 빌립보 공동체에도 성도들의 지나친 열심이 성도들 간에 갈등의 요인이 되고 분열의 원인이 되었습니다. 바울은 이러한 소식을 로마 감옥에서 전해 듣고 빌립보 성도들에게 편지를 쓰게 되었습니다.

빌립보서는 바울이 로마 감옥에서 빌립보에 있는 성도들과 감독들과 집사들에게 보낸 편지입니다. 바울은 소아시아 지방에 있는 다른 성도들보다 빌립보 성도들에게 더 깊은 애정을 가졌습니다. 바울은 서신 서두에 빌립보 성도들에 대한 자신의 심정을 매우 진솔하게 표현하고 있습니다. 바울은 빌립보 성도들을 생각할 때마다 하나님께 감사를 드리며, 그들 모두를 위해 기도할 때마다 기쁜 마음으로 간구한다고 했습니다. 그 이유는 그들이 하나님이 시작하신 선한 일로 태어났고, 하나님의 선한 일에 참여하고 있기 때문이라고 했습니다.

이어지는 빌립보 성도들을 위한 바울의 기도는 이러합니

다. "너희 사랑을 지식과 모든 총명으로 점점 더 풍성하게 하사 너희로 지극히 선한 것을 분별하며 또 진실하여 허물 없이 그리스도의 날까지 이르고 예수 그리스도로 말미암 아 의의 열매가 가득하여 하나님의 영광과 찬송이 되기를 원하노라"(빌 1:9-11).

하나님이 시작하신 선한 일에서 일어나는 가장 중요한 일 은 우리가 빌립보 교회를 통해 본 것과 같이, 죄의 속박에 서 풀려나는 자유인의 탄생입니다. 자유인은 탄생 그 순 간부터 지속적으로 자라야 합니다. 특별히 사랑이 자라야 합니다. 사랑이 자라는 것은 하나님과 관계, 나 자신과 관 계, 이웃과의 관계에서 형성되어야 하는 영적 태도입니다. 빌립보 성도들을 위한 바울의 기도를 조금 더 살펴보겠습 니다.

먼저 바울은 빌립보 성도들이 사랑 안에서 성장하고 성숙 하기를 기도했습니다. 바울이 말하는 사랑이란 감정적이 고, 안일을 추구하고, 잘못된 시대에 안주하는 사랑이 아 닌, 아는 것과 이해가 함께하고, 문제 처리에 적극적이며,

실제 삶의 상황 가운데서 일어나는 일에 분별력을 가지고 올바른 선택을 하는 사랑, 그리고 진정으로 가치 있는 일에 과감하게 도덕적 선택을 하는 사랑을 말합니다.

다음으로 바울은 그리스도의 날에 그들이 순결하고 흠이 없게 되기를 기도했습니다(10절, 새번역). 이것은 자신도 넘어지지 않고, 다른 사람에게 걸림돌이 되지 않는 것입니다. 이것은 자만이나 다른 사람을 무시하는 신앙적인 독선이 아닌, 다른 사람을 존중하고 그들의 말에 귀를 기울일 줄 아는 겸손입니다. 그러한 삶에는 예수 그리스도를 통해 하나님께로부터 온 의의 선물의 성취가 있습니다. 그러한 삶은 찬양을 통해 자기 자신을 지속적으로 하나님께 드리는 향기로운 예물이 됩니다.

하나님이 시작하신 선한 일을 비유로 표현한다면, 보기에 아름다운 모양으로 형성되어 가는 나무라 할 수 있습니다. 그렇기 때문에 공동체에 참여한 지체들은 서로를 위로하고 격려하고 사랑하며 각기 다른 지체들이 충분히 자랄 수 있도록 도와야 합니다. 선한 일을 시작하신 하나님의 활동이 공동체 안에서 매우 자유롭게 진행되도록 해야 합니다.

하나님이 시작하신 선한 일의 우주적 진행 과정에 예수 그리스도의 십자가와 부활의 사건이 있었습니다. 그 선한 일이 한 개인에게는 구원의 사건으로 나타납니다. 그리고 그구원의 사건은 각 인생의 계절의 특성을 통해 완성되어 갑니다. 하나님이 시작하신 선한 일은 한 개인의 생의 봄의 계절에서는 그다음 계절에 열매를 맺을 수 있도록 준비시키고, 생의 가을에서는 열매를 잘 익게 만들어 그것을 필요로 하는 사람에게 공급해 줍니다. 노년에 이르러서는 노년을 평안하게 살아갈 수 있는 쉼으로 인도해 갑니다.

우리 가운데서 시작하신 하나님의 선한 일이 그분에 의해서 이루어져 간다는 사실을 깨달을 때 우리의 신앙은 수동적으로 변해 갑니다. 수동적이라는 말은 소극적이라는 말과는 다릅니다. 수동적인 태도로 바뀌어 간다는 것은 하나님의 활동이 원활하게 되도록 그분께 자리를 내어 드린다는 뜻입니다.

하나님이 시작하신 선한 일에는 완성의 시간이 있습니다. 바울은 그때를 '예수 그리스도의 날'이라 했습니다. 우주적으로, 공동체적으로, 개인적으로 그날에 이르지 못한다 할지라도 그때를 바라보며 오고 있는 그 시간 안으로 들어가게 됩니다. 우리 모두는 하나님의 선한 활동의 결과로 하나님의 백성으로 태어났습니다. 우리 모두는 하나님이 시작하신 선한 일에 함께하는 삶을 살아가고 있습니다. 우리의 희망은 바로 거기에 있습니다. 하나님이 시작하신 선한 일은 진행 과정이며, 우리는 그 진행에 함께합니다. 그러한 진행 과정에서 우리는 지속적으로 성장해 가야 합니다.

하나님이 시작하신 선한 일의 진행 과정에는 용서와 화해, 치유와 새로운 시작이 있습니다. 우리는 매일을 그러한 과정 속에서 맞이합니다. 그래서 매일이 우리 모두에게 기쁨과 감사의 날이 됩니다. 우리는 다시 뒤로 돌아가서 처음부터 다시 시작하는 것이 아니라, 지금 여기서 미래를 향해 발걸음을 옮기는 것입니다. 새로운 시작은 이 자리에서입니다. 우리의 미래는 하나님께 속해 있습니다.

소망의 이유가
무엇인가?

벧전 3:13-17

사도 베드로는 "너희 속에 있는 소망에 관한 이유를 묻는 자에게는 대답할 것을 항상 준비하라"고 했습니다(벧전 3:15). "소망의 이유가 무엇인가?"라는 질문은 삶을 아주 긍정적이고 창의적으로 살아가는 사람들에게 세상 사람들이 던지는 질문입니다. 이 질문에는 "당신에게 예수 그리스도는 어떤 의미인가?"라는 뜻도 포함되어 있습니다.

기독교 영성에서 하나님의 선물인 새로운 삶은 윤리적인 면보다 정체성의 변화가 먼저입니다. "소망의 이유가 무엇인가?" 이 물음은 긍정적인 삶의 이유에 대한 물음입니다. "무엇이 당신에게 그러한 변형의 삶을 가져왔는가? 그러한 삶을 살아가게 만든 동기가 무엇인가?"라고 묻는 것입니다. 기독교 영성에서 삶의 변형은 밖에서부터 안으로가 아닌, 깊은 내면에서부터 밖으로입니다. 외부로부터 나타나는 삶의 변형은 깊은 내면으로부터 시작되므로 다른 사람보다 나 자신이 더 잘 알게 됩니다. 거기에는 변형의 동기를 일으킨 신비한 사건들이 있습니다.

먼저 하나님과의 사귐입니다. 우리가 예수님과 함께 왔으며 지금도 오고 있는 하나님 나라의 초청을 받아들였을 때, 우리의 내면에는 매우 신비스러운 일이 시작됩니다. 그것은 하나님과 사랑의 사귐입니다. 이 사귐과 함께 우리의 생은 새로운 순례의 여정이 시작됩니다. 이 순례의 여정은 나 홀로가 아닌, 하나님과 함께하는 여정입니다.

이 순례의 여정에서 하나님이 우리를 자신의 뜻대로 길들여 가십니다. 우리가 하나님을 설득해서 우리가 원하는 것을 얻는 것이 아닌, 하나님이 우리를 길들여 가십니다. 이 사귐에서 우리가 하는 말을 듣겠다고 약속하신 그분께 대화를 청하게 됩니다. 그것이 기도입니다. 그리고 이 사귐은 지속적으로 갱신되어야 합니다. 이 사귐에서 우리는 하나님을 경험하게 됩니다.

하나님과 사귐은 우리에게 매우 중요한 삶의 변형의 시작입니다. 처음에는 그분을 자꾸 설득해서 우리가 원하는 것을 얻어 내려고 합니다. 그러나 하나님은 우리가 설득할 수 있는 분이 아니십니다. 오히려 하나님이 우리를 길들여 가십니다. 그 길들임 가운데서 우리는 우리의 뜻보다는 하나님의 뜻이 더 중요하다는 사실을 깨달아 가기 시작합니다. 그리고 순종이 무엇인지를 알게 됩니다.

순종은 우리가 원하는 것을 얻어 내려는 의도에서 만들어 내는 행동이 아니라, 마음으로 그분이 원하시는 뜻에 대한 '아멘'입니다. 그러한 순종을 배워 가는 과정에서 때로는 기쁨, 감사, 자유, 희망을 경험하게 됩니다. 이 순례의 여정은 이 현실에서 끝나지 않고 저 영원의 시간으로 이어집니다.

다음은 나 자신과의 화해입니다. 우리는 감추고 있는 것들이 많고, 털어놓고 싶으나 섣불리 꺼내지 못하고 있는 것들, 깊은 상처가 있는 고통스러운 이야기를 갖고 있습니다. 이러한 것들이 우리의 인격 깊은 곳에 자리하고 있습니다. 누군가를 조종하고 누군가에 조종당하며, 누군가를 헐뜯고 누군가에 비방당하는 것이 우리의 참모습입니다.

내가 생의 겨울 노년기에 들어서면서 하나님께 감사한 것 몇 가지가 있었는데, 그중에 하나가 노년에 들어서기 전 나 자신과 화해의 삶이었습니다. 내가 성장하던 시절은 해방 후 매우 어려운 시기였습니다. 그 시절에는 가정적으로, 사회적으로 역기능적인 요인들이 많았습니다. 나 자신을 실현할 수 있는 기회를 많이 잃어버리기도 하고, 정신적으로 매우 힘든 시절이었습니다. 특별히 인격의 유보의 장벽 뒤에 숨겨 둔 도덕적, 종교적인 문제들 가운데 내가 해결하기 어려운 것들이 있었습니다. 인생의 봄을 향유하지 못하고 상실했습니다. 그러한 상실은 생의 그다음 계절에도 많은 영향을 주었습니다.

그런데 하나님과 사귐의 삶이 시작되면서 하나님의 사랑의 손으로 치유되고 보상되고, 나 자신의 인격의 어두운 면을 받아들이게 되었습니다. 그러한 과정에서 인격의 유보의 장벽 뒤에 숨겨진 것들을 하나님께 솔직하게 아뢰면서 점점 치유와 자유를 경험하기 시작했습니다. 그러한 과정 없이 노년의 계절에 들어섰다면, 나의 노년은 정신적으로 매우 어둡고 힘들었을 것입니다.

또한 삶의 긍정입니다. 우리가 믿는 하나님은 세상을 창조하신 분이며 그중에서도 지구라는 행성에 햇빛, 공기, 물, 자연, 각종 생명체를 만드시고 인간을 그 가운데 두셨습니다. 하나님은 자신이 창조한 세상을 사탄, 사악한 독재자들에게 맡긴 채 손 놓고 방관하지 않으십니다. 자신이 창조한 세상을 사랑으로 돌보고 계시며, 만물을 새롭게 해 가십니다. 하나님은 인간을 사랑하시며 인간과 사랑의 사귐을 기뻐하십니다. 그리고 우리 인간을 하나님의 동반자로 삼으십니다.

우리가 이 현실에서 삶을 긍정할 이유가 있습니다. 세상을 극진히 사랑하시는 하나님 때문에 우리는 삶의 의미와 목적을 갖게 됩니다. 그리고 사랑, 정의, 평화, 희망을 포기하지 않습니다. 이러한 하나님의 사랑이 우리가 아무리 어려운 현실에서 살아도 삶을 포기하지 않고 살아갈 삶의 위대한 긍정을 품게 합니다. 하나님도 포기하지 않으시기 때문입니다.

하나님의 자녀들은 인자하심이 영원한 하나님과 함께 평화, 정의, 사랑의 세상을 만들어 가는 일에 참여해 갑니다. 그러한 세상은 주님이 오실 때 불타 없어지지 않고 영원히 남습니다. 우리는 주님이 오시는 그날까지 끝까지 신실하며, 참되며, 불의와 짝하지 않으며, 서로 사랑하고 위로하며, 하나님께 주님의 인자하심이 영원하다는 감사의 찬양을 합니다. 하나님의 인자하심 가운데서 일어나는 일들은 창조, 구원, 감사, 희망, 기쁨입니다.

하나님은 만물을 창조하며 이를 긍정하셨고 우리가 태어날 때, 세례를 받을 때 우리를 긍정하셨습니다. 하나님이 우리와 세상을 긍정하시기에 우리는 하루를 희망으로 시작할 수 있습니다. 우리는 하루를 시작하며 하나님을 찬미합니다. 그 이유는 오늘이 하나님의 것이고, 우리도 하나님의 것이기 때문입니다. 하나님을 이야기하지 않고서, 하나님이 주시는 선물과 말씀 없이 우리는 하루도 살 수 없습니다. 생명이라는 선물, 더불어 사는 삶이라는 선물, 이세계와 이 세계의 모든 피조물이라는 선물, 하나님의 높고 위대하심을 노래하는 교회라는 선물을 허락하신 하나님을 찬미합니다.

만물을 새롭게 하시는 하나님이 하늘과 땅을 만드시고 고치시며 새롭게 하십니다. 우리가 미처 모르는 정의를 이루시며 우리가 키우지 않은 양식을 주십니다. 갇힌 자를 자유롭게 하시며, 보지 못 하는 이의 눈을 뜨게 하시며, 우리를 일으켜 세워 주시고 살펴보시며 지키십니다. 하나님의 통치는 영원합니다. 우리의 시간을 그분께 드리는 것, 우리의 물질도 그분께 드리는 것, 우리의 이웃을 사랑하는 것, 자연을 사랑하고 돌보는 것, 모두가 하나님의 긍정에 참여하는 삶입니다. 우리에게 있는 분명한 소망의 이유는 만물을 새롭게 하시는 하나님으로부터 옵니다.

본질과
변화

요 1:1-5

지금 나의 삶의 여정을 돌이켜 보면, 나는 신앙의 본질보다 비본질적인 것에 얽매여 있던 때가 있었음을 인정하게 됩니다. 금기를 복음으로 여긴 때도 있었고, 내가 규정한 원칙을 하나님의 뜻으로 여겨 절대시한 적도 있었습니다. 내가 그렇게 생각한 것은 복음의 본질이 무엇인지 알지 못했을 뿐만 아니라, 그렇게 하는 것이 내면의 어두운 문제들이나 가정의 역기능적 요인들에서 풀려나는 길이라고 믿고 있었기 때문입니다.

나는 삶에서 발생되는 질병, 고난, 어려움, 실패, 재앙에서
보호받기 위해서는 그러한 것들을 엄격히 지켜야 한다고
믿었습니다. 내 신앙생활의 목표는 세속적인 개념에서 말
하는 복 받는 것, 다른 사람에게 칭찬 듣는 것이었습니다.
그 시절 나의 내면에는 지금처럼 자유, 기쁨, 감사가 자리
하지 못했습니다.

내가 현재 머무는 은혜의 자리에 들어서게 된 것은 복음
의 본질을 이해하고 깨닫기 시작하면서부터입니다. '현재
내가 머물고 있는 은혜의 자리'란 세상에서 말하는 물질의
복, 성공, 건강을 의미하는 것이 아니라, 하나님에 의해 그
분과 화해된 삶, 그분에 의해 치유되는 삶을 뜻합니다. 미
래로 약속받은 삶이 음산한 무덤이 아닌, 부활하신 그리스
도의 삶이라는 의미입니다. 내가 이 자리에서 맛보는 경험
이 기쁨, 감사, 희망이라는 사실을 부인할 수가 없습니다.

그러면 나를 이 은혜의 자리로 들어서게 한 본질이란 무엇
입니까? 그 해답이 요한복음 1장 1-5절에 나타나 있습니
다. 기독교 신앙에서 본질은 말씀, 생명, 빛, 사랑입니다.

이러한 본질은 자신은 변질되지 않으면서 이 본질과 접하는 대상을 변화시키는 속성을 가지고 있습니다. 이러한 본질에는 허무, 공허, 무의미가 자리하지 못합니다. 이 본질에는 치유, 화해, 자유의 속성이 있습니다. 도덕주의, 율법주의는 이 본질을 묶을 수 없습니다. 이 본질에는 새로운 형태의 삶의 방식과 질서를 만들어 내는 힘이 있으며, 삶의 전망을 넓혀 줍니다. 이 본질에는 어둠, 죽음이 함께하지 못합니다. 이 본질에는 희망이라는 속성이 포함되어 있습니다.

우리가 이 본질과 함께할 때 진부한 교리, 독선, 율법주의에 묶일 수 없습니다. 이 본질에는 인간의 지혜, 기술, 능력을 능가하는 다함이 없는 지혜, 창조가 있습니다. 본질은 만물을 새롭게 하는 속성을 가지고 있습니다.

우리 그리스도인들이 본질을 잃어버리지 않는다는 것은 원칙, 제도, 진부한 교리에 묶여 있지 않는다는 뜻도 됩니다. 우리가 본질과 멀리 떨어져 있을 때 신앙생활이 형식에 묶이게 되고 낡은 제도, 교리에 집착해 있으면서 그것이 진리라고 주장하게 됩니다. 본질과 멀리 떨어져 있을 때 진정한 변화는 없습니다.

사람들은 본질보다는 본질을 보존하는 그릇인 제도, 원칙, 형식에 안주하기를 즐겨합니다. 이유는 본질에서는 자신의 낡은 틀에 안주하는 것이 허용되지 않기 때문입니다. 본질은 모순을 그대로 가지고 사는 것을 허용하지 않습니다.

나는 본질과 멀리 떨어지지 않고 본질에 가까이하려는 원칙을 가지고 살아오고 있습니다. 그렇게 살다 보면 기존의 낡은 것들을 버리게 됩니다. 이전에 '나'라고 규정지었던 것들, 즉 인위적인 것들이나 꾸민 것들이 많이 없어지는 경험을 하고 있습니다. 지난날 '나'라고 붙잡고 있었던 것들이 점점 떨어져 나가면 내가 없어질 것 같은데, 그렇지 않고 오히려 본질과 함께하는 나의 다른 모습이 부분적으로 드러나는 것을 경험하게 됩니다.

본질에서는 복잡하고 거추장스러운 것들이 자꾸 떨어져

나가게 됩니다. 사고, 언어, 삶의 형식, 관계에서 이러한 일들이 발생됩니다. 그러나 본질과 함께 있는 나는 영원히 없어지지 않으리라는 것을 알고 있습니다. 나의 소견으로 오늘의 세상 변화도 바로 본질의 원리를 따르고 있다고 생각합니다. 부피가 큰 것, 겉보기에 화려한 것, 복잡한 것들이 점점 단순한 것으로 통합되어 간다고 이해됩니다.

봄이면 밭에 아주 작은 옥수수 낱알 하나를 심습니다. 낱알 하나를 본질에 비유한다면, 작은 낱알 하나가 계절을 통해 변형을 이루어 가게 됩니다. 특별히 한여름에 자란 옥수수는 외형적으로 너무나 다른 모습을 보여 줍니다. 매우 거추장스러운 외형을 지닌 옥수숫대는 수확기에 결국 몇 이삭의 옥수수만 남기고 대는 말라 버린 후 베임을 당합니다. 옥수수 낱알은 역시 옥수수를 만들어 냅니다.

옥수수 한 대는 옥수수 알이 가득 찬 옥수수 이삭을 지니고 있기에 가치가 있는 것입니다. 옥수숫대가 겉보기에 아무리 푸르고 크고 무성해도 옥수수 알이 없다면 아무런 가치가 없는 것이 됩니다. 우리의 신앙생활도 마찬가지입니다. 화려한 성전, 예식, 제도, 사업, 이벤트, 자기희생의 봉사가 있다고 해도 본질에서 멀리 떠나 있다면 약속된 희망의 미래, 즉 잘 영근 옥수수와 같은 열매가 없기 때문에 그 생은 허무로 돌아가게 됩니다.

본질은 그 자체로 존재하는 것이 아닙니다. 본질은 우리의 존재 속으로 침투합니다. 그리고 우리는 본질 속으로 들어갑니다. 우리의 존재 안으로 들어온 본질은 일상의 삶에서 우리에게 진정한 본질의 삶을 살아가도록 우리를 변형시키기 시작합니다. 우리는 말씀에서 진정한 본질의 삶으로 인도하는 소리를 듣게 됩니다. 그 소리는 묵상 가운데서 가장 잘 들을 수 있습니다. 빛은 우리를 어둠에서 빛으로 인도해 갑니다. 생명은 우리의 삶을 더욱더 풍성하게 합니다. 사랑은 우리의 마음을 녹여 주고, 양육해 주고, 다른 사람을 향해 마음을 열게 만듭니다.

이러한 본질의 실재는 하나님이십니다. 본질과 함께하는 삶은 하나님과의 연합 가운데서 살아가는 것입니다. 하나님은 독존(獨存)을 즐기시는 분이 아닙니다. 하나님은 인간을 좋아하시고 인간이 되기를 기뻐하신 분입니다. 그분은 누구의 권유나 강요에 의해서가 아닌, 그분 스스로 당신이 창조한 세상에 인간으로 오셨습니다.

그분이 오신 자리는 섬김을 받는 자리가 아닌, 우리 인간이 마땅히 담당해야 했던 심판의 자리였습니다. 그 자리에서 비본질적인 삶을 만들어 가는 죄를 그분 스스로 담당하셔서 죄와 사탄의 권세를 완전히 정복하셨습니다. 그리고 만물을 새롭게 하시는 하나님의 새 창조, 즉 본질과 함께하는 삶을 살아가는 새로운 길을 열어 놓으셨습니다. 그 길이 부활하신 예수 그리스도 안에 있습니다. 본질을 가까이하면서 살아가는 사람에게 그 삶의 최종적인 목적지는 죽음과 무덤이 아닌, 부활의 새 세계입니다.

본질의 문제는 신앙생활에만 국한되는 것은 아닙니다. 사회적으로도 매우 중요한 문제입니다. 사회 공동체를 바르게 세워 가는 데 소중히 여겨야 할 본질적 가치가 있습니다. 신앙생활에서뿐만 아니라 사회에서 우선순위, 선택이 바르게 이루어지려면 본질을 중요시해야 합니다. 교회의 타락은 본질을 망각하는 데서 시작됩니다. 사회에서 본질적 가치가 무너질 때 그 사회는 매우 혼란스러워집니다. 사회의 구성원들은 피상적인 것에 얽매이게 되고 삶이 공허해집니다.

시편 1편에 다음과 같은 말씀이 있습니다. "악인들은 그렇지 아니함이여 오직 바람에 나는 겨와 같도다 그러므로 악인들은 심판을 견디지 못하며 죄인들이 의인들의 모임에 들지 못하리로다"(시 1:4-5). 악인들, 즉 비본질적인 것들에 얽매여 살아가는 사람들은 심판 때에 약속된 미래가 없기 때문에 견디지 못합니다. 다 소멸되어 없어질 것만 붙잡고 살아온 삶이기 때문에 심판의 시간에 남는 것이 하나도 없습니다. 그러나 의인들, 즉 본질을 추구하고 함께하며 살아온 사람들은 본질과 함께하는 희망의 새 삶이 약속으로 주어지기 때문에 능히 견딜 수 있습니다.

믿음으로 일하는
자유인

요 8:31-38

나는 청소년 시절부터 나이에 어울리지 않는 정신적인 무거운 짐에 시달렸고, 생리적으로 생의 봄을 살아야 하는 계절마다 늘 어둠과 고뇌에 시달렸습니다. 그렇기에 그러한 정신적인 어두움으로부터 벗어나 밝게 살아 보고 싶은 간절한 열망이 있었습니다. 나는 나의 존재 문제를 나름의 자기 수양과 편협한 신앙으로 해결해 보려고 했지만, 나를 얽어매고 있는 무거운 굴레에서 벗어날 수가 없었습니다. 그 시절 나는 생의 짐과 어두운 정신적인 문제에서 벗어나지 못하는 이유가 믿음이 없기 때문이라고 생각했습니다.

그 시절 내가 알고 있었던 믿음은 '전능하신 창조주 사랑의 아버지 하나님'에 대한 믿음이 아닌 자기 확신, 자기 신념이었습니다. 머리끝에서부터 발끝까지 확신으로 가득 차서 믿는다고 소리치면 모든 문제가 다 풀린다고 생각하고 있었습니다. 그래서 확신을 키워 보려고 산기도, 철야기도, 금식기도도 했지만, 기대했던 만큼 확신도 들지 않았고 나의 상태 역시 이전과 달라진 것이 없었습니다.

그러다 대학생이 되면서 부활하신 예수 그리스도와 만나면서 전능하신 창조주 사랑의 아버지 하나님에 대한 믿음이 싹트기 시작했습니다. 그리고 아버지 하나님에 대한 신뢰와 앎으로 인해 얽혀 있던 존재의 문제로부터 점차 풀려나면서, 아버지 하나님에 대한 고백이 이루어지기 시작했습니다. 그때부터 자유인으로서의 걸음마가 시작되었습니다.

나의 생이 그분께 속해 있고, 그분에 의해 지탱되고 있으며, 세상과 나에 대한 그분의 생각은 심판과 저주가 아닌 희망과 평강이라는(렘 29:11) 사실을 깨닫게 되면서 그분에 대한 앎과 신뢰가 점진적으로 깊어졌습니다. 더불어 내면의 자유는 점점 인격에 자리를 잡아 가기 시작했습니다. 나는 아버지 하나님에 대한 신뢰, 앎, 고백이 존재 문제와 밀접한 관련이 있다는 것을 깨닫게 되었습니다.

어떤 세상 지식은 우리를 어리석게 만들고 우리가 그토록 추구하는 행복의 길도 잘못 인도합니다. 그러한 지식은 많은 우상을 갖게 해서 우리를 더욱더 강하게 속박의 사슬로 묶어 놓습니다. 하지만 하나님을 아는 지식 안에서 우리는 참 자유인으로 살아가는 길을 발견할 수 있고 진정한 행복의 길을 찾게 됩니다. 그래서 하나님에 대한 믿음은 고귀한 선물입니다.

그뿐만이 아닙니다. 하나님을 아는 지식에서 그분에 대한 자발적인 고백은 내면의 자유만이 아니라 우리의 일상의 삶의 방식에 있어서도 잔잔한 변화를 가져옵니다. 하나님을 아는 지식에서 이루어지는 자유는 타인의 시선으로부터 벗어나 은밀한 가운데 계시는 하나님의 현존 가운데서 살아가는 새로운 삶의 방식을 갖게 합니다. 그래서 우리가 어떤 섬김의 자리에서 봉사하든지 사람들에게 칭찬, 인정을 구하는 대신, 하나님으로부터 오는 위로와 기쁨만을 삶의 의미의 근원으로 삼도록 변화시킵니다.

그리고 자신의 취향에 맞는 봉사만 택하지 않고, 어떤 봉사라도 자족한 마음으로 할 수 있는 자유인으로 살아가게 합니다. 어떤 섬김의 자리에 있더라도 누구의 지시나 명령에 의해 그 자리에 있는 것이 아니라, 하나님의 부르심으로 그 자리에서 일하는 자유인으로 있게 됩니다. 때로는 궂은 봉사 자리에서 자격지심이나 원망, 불만 같은 감정이 생겨도 거기에 사로잡히지 않고 자연스럽게 흘러보내고, 오직 하나님의 일을 한다는 차분함과 평강으로 그 자리를 지키게 됩니다. 그리고 어떤 섬김의 자리에 있더라도 편을 나누거나 분열을 조성하지 않고 평화를 이루어 갑니다.

무엇보다도 자유에서 얻어지는 값진 보화는 본질을 보는 안목이 생긴다는 것입니다. 우리가 "육신의 정욕과 안목의 정욕과 이생의 자랑"(요일 2:16)에 묶여 있을 때는 비본질적인 것에 얽매여 살 수밖에 없습니다. 하지만 자유의 관문에 발을 들여놓고 우리에게 자유를 주신 하나님의 길들임에 기꺼이 순응해 가면 허세, 가식, 교만, 자기 비하로부터 벗어나면서 본질을 보기 시작하고 본질을 소중히 여기게 됩니다. 삶의 본질을 보는 것과 자유는 매우 밀접한 관계가 있습니다.

그리스도인의 삶의 변화는 하나님의 선물인 자유에서 시작됩니다. 우리가 자유인으로서 새로운 삶을 시작했더라도 지속적으로 전능하신 하나님의 손에 길들여지지 않으면 그 자유를 빼앗기게 됩니다. 자유를 주신 분의 손에 길들여져 가면서 성숙된 자유인이 되지 않으면 형식주의와 세속적 가치 이념의 지배를 받으며 살아가게 됩니다.

기독교 신앙에서 말하는 자유의 개념을 오해하는 사람들도 있습니다. 그들은 무엇이든지 자기 마음대로, 자기 기분대로, 자기 취향대로 말하고 행동하는 것이 자유라고 생각합니다. 그들은 주일 성수를 하지 않아도 아무렇지 않게 생각하고, 봉사는 여가 시간을 보내기 위해 하는 것이라 여깁니다. 그러나 이것은 성경에서 말하는 자유가 아니라,

자신이 편리하게 살기 위해 만들어 낸 편의주의입니다. 책임감 없이 자기 기분에 따라 봉사를 하다 말다 하는 편의주의는 자유가 아닙니다.

진정 믿음으로 자유한 사람은 신실하며 책임감이 있습니다. 그리고 섬김의 자리에서 자신의 기분이나 이익에 따라 행동하지 않습니다. 그들은 작은 일에도 신실합니다. 사람들이 보나 보지 않으나 언제나 한결같습니다. 그리고 그러한 사람들은 섬김의 자리에서 세상에서 돈으로 살 수 없는 매우 귀한 보화를 발견하기 때문에 사람들로부터 보상을 기대하지 않습니다.

하나님의 길들임 과정에서 다른 무엇에도 영향받지 않는 고요한 자유의 영역이 형성되면 타인의 평가에서 많이 자유로워지게 됩니다. 그와 더불어 세속적인 가치에 지배받지 않고 은밀한 가운데 계시는 하나님으로부터 인도받는 새로운 통제소가 형성됩니다. 삶의 통제소가 바뀌게 되는 것입니다. 이러한 경험들이 자유를 소중히 여기는 가치의 전도를 가져와서 자유를 교란시키는 것들로부터 멀리하게 만듭니다. 그리고 삶에서 의미 있는 것들이 많이 바뀌게 됩니다. 또 강요가 아닌 자발적인 말씀 묵상의 삶으로 바뀝니다.

예수께서 세상에 오심으로 인해 인류 역사에 기존의 인간과는 질적으로 다른 새로운 유형의 인간이 태어나게 되었습니다. 바로 '믿음으로 일하는 자유인'입니다. 예수님이 오시기 전만 해도 다른 사람을 섬기는 자리는 노예 신분에 매인 사람들의 몫이었습니다. 그런데 예수님이 오심으로 인해 섬김의 자리는 노예가 아닌 자유한 사람들의 몫으로 바뀌었습니다. 이것은 인간 역사에서 일어난 가장 위대한 변혁입니다.

세상에서 돈, 권력, 힘이 있는 사람들은 자신이 자유인이라고 여기며 가난한 사람, 배우지 못한 사람, 전쟁 포로들을 노예로 부리고 거드름 피우면서 살았습니다. 그들은 자신이 진정한 의미에서 노예라는 사실을 모르는 무지한 사람들이었습니다. 그런데 예수께서 세상에 오셔서 자유로운 새로운 인간이 태어나게 되면서 섬김의 자리는 자유한 하나님의 아들딸들의 몫으로 바뀌었습니다. 인간 역사를 뒤돌아보면, 그들의 섬김을 통해 세상이 어둠에서 깨어나고 사람다운 삶에 새로이 눈뜨게 되었습니다. 인간으로서 가장 가치 있고 의미 있는 인간다운 삶을 실제로 보여 주신 분이 바로 예수 그리스도이십니다. 그리고 그분을 본받아 살아가는 자유인들로 인해 세상이 밝아지게 됩니다.

그와 더불어 일어난 또 하나의 변혁은 사회 제도에서 생겨난 모든 자리가 부리고 행세하는 자리가 아닌, 섬김의 자리로 그 가치와 의미가 바뀐 것입니다. 사회 질서를 유지하기 위해 생겨난 관직이나 일자리의 가치와 의미가 섬김의 자리로 바뀌면서, 그러한 섬김의 자리가 모든 사람이 바라보는 자리로 변했습니다. 그 자리에 '자유인으로 변화되는 사람'이 앉으면 사람들은 안심하고 기뻐하고 행복해합니다. 그런데 자유인으로 변화되지 않은 사람이 그 자리에 앉아 있을 때 사회는 분열되고 부정부패는 많아집니다. 그래서 사람들은 그 자리에 누가 앉는가에 대해 관심을 갖습니다.

교회에서도 마찬가지입니다. 자유인들이 목사, 장로, 집사가 되어 섬김의 책임을 맡았을 때 사람들은 다 기뻐하며 행복해합니다. 그렇지 못한 사람들이 그 자리에 앉을 때 근심과 걱정이 생기게 됩니다. 왜냐하면 그들로 인해 평화 대신에 분열이 일어나기 때문입니다.

우리가 존경하는 사도 바울은 모든 하나님의 일꾼에게 요구되는 것은 신실성(고전 4:2, 새번역; 개역개정은 충성)이라고 전제하면서, 하나님의 비밀을 맡은 일꾼에게 없어야 할 것 세 가지를 말합니다. 먼저 하나님의 일꾼은 다른 사람에게 판단 받는 것이 없어야 합니다. 다음으로 자기 자신에게 판단 받는 것이 없어야 합니다. 마지막으로 하나님 앞에서 판단 받을 것이 없어야 합니다(고전 4:1-4).

다른 사람에게, 자기 자신에게, 하나님께 판단 받을 것 없이 살아가는 길이 자유인의 길입니다. 우리를 자유인으로 부르신, 우리를 극진히 사랑하시는 주님은 우리에게 이렇게 말씀하십니다. "너희가 내 말에 거하면 참으로 내 제자가 되고 진리를 알지니 진리가 너희를 자유롭게 하리라"(요 8:31-32).

잃어버린
삶의 원형

롬 5:12-21

하나님이 창조하신 모든 피조물은 다 쇠하고 소멸하고 죽습니다. 인간도 예외는 아닙니다. 그런데 하나님이 인간에게만은 죽지 않고 영원히 살 수 있는 길을 마련해 주셨습니다. 그것이 '선악과'입니다. 선악과는 독이 있는 과일이 아닙니다. 그것은 인간에게만 부여하신 영원히 사는 삶의 방식입니다. 그것이 선악과라는 상징적인 언어로 표현되어 있는 것입니다.

하나님이 애굽의 노예 생활에서 해방시키신 이스라엘에게

십계명이라는 삶의 헌장을 주신 것과 같이, 초기 인류에게 요구하신 삶의 방식이 있었습니다. 우리는 로마서 5장 12-21절에서 그 비밀을 찾아낼 수 있습니다. 여기에 두 개의 삶의 모형이 제시되어 있습니다. 하나는 본래 삶의 원형을 실현하는 데 실패한 모형, 다른 하나는 성취한 모형입니다. 실패한 모형은 아담이며, 성취한 모형은 예수 그리스도이십니다.

이 두 모형에서 찾아낼 수 있는 하나님이 인간에게 요구하시는 삶의 방식, 즉 원형은 '하나님과 사귐의 삶'입니다. 흙으로 지어진 인간은 본래 쉽게 깨어지고 상처 입고 유혹에 넘어가 시험에 빠지는 매우 나약한 존재이므로 하나님의 도우심 없이는 그분이 부여하신 영원한 삶을 성취해 갈 수 없습니다. 그래서 하나님은 인간에게 영원히 살 수 있는 길로서 하나님과 함께하는 삶의 방식을 부여하셨습니다.

그런데 첫째 모형 아담은 거기서 실패했습니다. 실패한 모형의 특징은 원형을 잃어버린 것입니다. 원형을 잃어버린 상태는 무질서, 혼란입니다. 여기서 무질서는 인간의 정신, 감정, 신체, 삶의 방식, 문화를 모두 포함합니다.

다른 하나는 하나님이 본래 부여하신 삶을 성취한 모형입니다. 그 원형이 부활하신 예수 그리스도이십니다. 그분은 하나님과 함께하는 삶, 그분의 뜻을 순종하는 삶을 온전히 실현하신 분입니다. 죄의 유혹을 이기신 분입니다. 죄가 속삭이는 말에 말려들어 죄의 의도에 따라 생을 선택하지 않으시고, 자유하는 하나님의 아들로 하나님의 뜻에 따라 그의 양심에 일치되게 삶을 선택하신 분입니다. 그분은 하나님이 인간에게 부여하신 참 인간의 삶을 성취하신 분이며, 동시에 그러한 삶의 길을 열어 주셨습니다.

예수께서 성취하신 삶의 원형을 하나의 단어로 표현하면 '피스 메이커'(Peace-maker, 평화를 이루는 자)입니다. 산상수훈에 "화평하게 하는 자[평화를 이루는 자]는 복이 있나니 그들이 하나님의 아들이라 일컬음을 받을 것임이요"(마 5:9)라고 했습니다. 평화를 이루는 자로 살 때 그 대가로 하나님의 아들이 되는 것이 아니라, 하나님의 자녀이기에 평화를 이루며 살아가는 것입니다. 하나님의 자녀의 삶의 방식은 '평화를 이루어 가는 삶' 그 자체입니다.

평화를 이루어 가는 삶에는 두 차원의 존재 질서가 있습니다. 하나는 내적 질서로 하나님과 사귐의 삶, 나와 나 자신과 평화를 이루며 사는 삶입니다. 평화를 이루어 가는 삶에서 우선 되는 것은 하나님과의 사귐입니다. 그 사귐에서 하나님에 대한 신뢰, 앎, 고백이 수반됩니다. 그리고 자기 자신과 평화하는 삶을 배워 가는 것입니다. 자신을 학대하거나 억압하지 않고, 자신을 있는 그대로 받아들이며 전능하신 하나님의 손에 자신을 위탁하며 그분의 손안에서 새롭게 형성되어 갑니다.

그리고 다른 한 차원은 사회적 차원입니다. 이웃과 평화를 이루며 사는 삶, 자연을 사랑하며 가꾸고 돌보는 삶입니다. 이 두 번째 차원의 질서는 (삶은) 첫 번째 삶의 기초에서 이루어져야 하는 삶의 방식입니다. 십계명에도 이 사실이 분명히 내포되어 있습니다. 십계명의 첫 번째 내용은 하나님에 관한 것이며, 두 번째 내용은 이웃과 관계에 대한 것입니다. 먼저 하나님을 사랑하고, 내 이웃을 내 몸과 같이 사랑해야 합니다.

우리는 하나님과 사귐의 삶을 배워 가야 하는 동시에 자신과 평화롭게 사는 삶을 배워야 하며, 더불어 이웃과 평화를 이루며 사는 삶, 하나님이 인간과 함께 영원히 안식하기를 원하시는 장소인 지구라는 행성을 바르게 인식하고 보존하며 가꾸어 가는 삶을 배워야 합니다.

평화를 이루어 가는 사람은 평화 애호가가 아닙니다. 평화 애호가는 고통스러운 세상에서 도피하면서 사는 회피자나 정치적 독재자도 될 수 있습니다. 평화를 이루어 가는 사람은 모든 사람이 보다 더 살기 좋은 세상을 만들기 위해 힘쓰는 사람입니다. 그러한 일을 위해 고난이나 위협을 피하지 않고 그것에 정면으로 대면해서 그 한가운데를 통과해 걸어가며 평화를 창출해 가는 사람입니다. 평화를 이루는 사람이란 정치적 의미보다 종교적인 의미를 가지고 있습니다. 그 이유는 이런 삶을 살아가려면 먼저 건강한 정신, 마음, 생각, 습관, 행동이 수반되어야 하는데, 그러한 삶은 하나님과 사귐에서 이루어지기 때문입니다.

평화를 이루는 사람은 자기 자신이 온전한 평화의 세상을 만들 수 있는 능력이 없다는 것을 시인합니다. 오직 하나님만이 온전한 평화의 세상을 만드실 수 있다는 것을 압니다. 평화는 인간의 속성이 아닌, 거룩하신 하나님의 속성입니다. 이 거룩하신 하나님의 속성은 내재적인 것이면서 한편으로는 객관적이고 역사적 의미까지 포함하고 있습니다.

우리는 자유하신 하나님의 자녀입니다. 우리에게는 분명한 삶의 의미와 목적이 있습니다. 그리고 우리에게는 그 의미와 목적에 부합되는 삶의 방식이 있습니다. 그것은 만물을 새롭게 하시는 하나님의 희망 가운데 있는 우리가 실현해 가야 할 삶입니다. 그리고 우리에게는 이 삶을 성취한 삶의 원형, 즉 모범(role model)이 있습니다. 바로 부활하신 예수 그리스도이십니다.

돌이킬 수 없는
여정

벧전 2:1-3, 9-10

몇 해 전 아내와 함께 감동적인 영화를 관람했습니다. "부활"이라는 영화입니다. 이 영화는 예수의 고난과 죽음을 사실적으로 표현하고 있지는 않지만, 그 당시의 혼돈의 상황을 충분히 상상할 수 있도록 간접적으로 표현합니다. 영화에서 예수를 십자가에 매단 예루살렘 분위기는 매우 불안정합니다. 예수를 죽이면 끝이라 여겼던 유대교 지도자들, 그들의 청에 못 이겨 예수를 내어 준 로마의 관원들, 그리고 예수를 추종했던 제자들과 무리들 모두가 불안정합니다.

메시아를 죽인 세상은 혼돈, 불안정, 군중의 아우성 그 자체였습니다. 예수는 죽었지만, 혼돈은 잦아들지 않았습니다. 영화에서 부활의 증인은 유대교 지도자도, 제자도, 예수의 가족도 아닙니다. 예수와는 아무런 관계도 없지만 직책 때문에 그의 죽음과 부활을 가장 가까이에서 관여해야만 했던 한 남자, 로마의 호민관 클라비우스입니다.

당시 호민관 클라비우스라는 인물이 실재했는지는 확실하지 않습니다. 하지만 성경은 예수의 옆구리를 창으로 찌르게 한 로마인이 실재했음을 말해 주고 있습니다. 예수의 죽음과 부활을 총괄하고 처리한 로마 측 실무자가 분명히 있었을 것입니다. 영화에서는 그 사람을 호민관 클라비우스로 등장시킵니다. 호민관은 그 당시 군사적인 문제를 처리하거나 시민들을 위해 일하는 로마의 관직이었습니다. 그래서 호민관 클라비우스는 빌라도 총독의 심복으로서 명령을 충실히 수행합니다. 그는 예수의 부활에 노심초사하는 유대교 지도자들과 연일 소동을 일으키는 군중들 사이에서 질서를 지킬 방안을 고심합니다.

예수의 죽음을 바로 눈앞에서 확인한 클라비우스였기에, 그에게 부활은 가당치도 않은 황당한 이야기에 지나지 않았습니다. 그는 무덤 문이 열리고 예수의 시신이 사라진 것을 확인하고는 광신도의 짓이라며 다급히 시신을 찾아 나섭니다. 클라비우스는 예수의 추종자들을 수색하고 제자들을 찾아내 시체의 행방을 추궁합니다. 그 과정에서 그는 비로소 예수에 대한 이야기를 사실대로 듣게 되고, 예수의 부활을 둘러싼 거짓과 모략을 하나하나 발견하게 됩니다. 그리고 마침내 부활하신 예수와 만나게 됩니다.

예수를 전혀 몰랐고 관심조차 없었던 사람, 심지어 예수를 죽이기까지 한 죄인인 호민관은 부활하신 예수를 만나 삶이 바뀌게 됩니다. 호민관은 쫓는 자에서 쫓기는 신분으로 바뀝니다. 그리고 부활하신 예수와 그의 제자들처럼 새로운 삶의 여정에 오르게 됩니다. 영화의 마지막에 "예수가 죽었다가 부활했다는 소문이 정말 사실입니까?"라는 질문에 호민관은 "분명한 사실은, 나는 이제 예전의 나로 돌아갈 수 없다는 것입니다"라고 답합니다.

누군가가 예전의 자신으로 돌아갈 수 없는 경우는 지금까지 경험한 것과는 전연 다른 차원의 것을 경험하게 되었을 때입니다. 그러한 경우 이전에 의미 있던 것들을 내려놓을 수 있습니다. 그전에 맛있던 것들이 맛이 없고, 그전에 즐기던 것이 아무런 의미도 없게 됩니다. 이것은 허무와는 다릅니다. 오히려 삶의 충만함에 접근할 때 일어나는 삶의 변화입니다.

초기 기독교 공동체에는 부활하신 주님을 경험하고 예전의 자신으로 돌아갈 수 없게 된 사람들이 많이 있었습니다. 그들을 일컬어 '증인'이라 합니다. 신약 성경에는 그 증인들의 이야기가 상당한 부분을 차지하고 있습니다. 그들은 부활하신 주님과 함께 새로운 삶을 시작해서 끝까지 그 여정을 마친 사람들입니다. 그 가운데 한 사람이 우리가 사랑하는 사도 베드로입니다.

내게 있어서 예전의 나로 돌아가지 못하게 만든 것은 흔히들 말하는 세상에서의 행복에 대한 집착도, 형벌에 대한 두려움도, 지옥에 대한 공포도 아니었습니다. 내게 있어서 예전의 나로 돌아갈 수 없게 만든 것은 주님의 인자하심이었습니다. 나는 그분의 인자하심을 맛보았기 때문에 새 여정을 시작하게 되었습니다. 그 후로 계속해서 그분의 인자하심을 맛보았기에 신학을 선택할 수 있었습니다. 그분의 인자하심이 노년인 지금 이 자리에까지 나를 인도했습니다. 만약 내가 그분의 인자하심을 맛보지 않았다면 노년에 이르기 한참 전에 다시 돌아갈 수도 있었을 것입니다. 그러나 그분의 인자하심이 나로 하여금 그분을 사모하며 살아오도록 만들었습니다.

주님의 인자하심은 우리를 생물학적 노년에도 계속 자라게 합니다. 그분의 인자하심은 노년의 삶에게도 위로, 희망, 포근함, 내려놓음, 욕심에서의 자유를 주며 모든 악의와 기만과 위선과 시기와 온갖 비방하는 말에서 멀어지게 합니다.

부활하신 주님과 함께 새로운 여정을 시작해서 노년에 이른 노사도 베드로는 나지막한 목소리로 우리 귀에 이렇게 속삭입니다. "그러므로 여러분은 모든 악의와 모든 기만과 위선과 시기와 온갖 비방하는 말을 버리십시오. 갓난아기들처럼 순수하고 신령한 젖을 그리워하십시오"(벧전 2:1-2, 새번역). 부활하신 주님과 함께하는 신비한 여정에서는 그리워하는 것(사모하는 것)이 달라집니다. 그렇기 때문에 예전의 나로 돌아갈 수 없는 것입니다.

사도는 부활의 주님과 함께 시작한 새로운 여정에 오른 사람들이 예전과는 다른 인류로 등장하게 된다는 사실을 말하고 있습니다. 우리는 미처 예측하지 못한 사실입니다. 사도가 말하는 그 인류는 과학 기술로 변형된 인간이 아닙니다. 그것과는 전연 다른 '신령한 젖'으로 자란 인간입니다.

만물을 새롭게 하시는 하나님의 창조에 등장하는 인류는 과학 기술에 의해 변종된 인류가 아닙니다. 그들은 하나님의 자리를 탐내는 인류입니다. 노사도는 우리에게 하나님의 창조에 등장하는 인류는 영적으로, 지적으로, 감성적으로 변화해 나가며, 그 변화의 원동력은 '신령한 젖'이라고 분명히 말합니다. 그러한 인류의 대표적인 모형이 저 갈보리 언덕 십자가에 달려 죽으시고 부활하셔서 하나님 우편에 앉아 계신 주님입니다.

부활하신 주님은 유전자 조작으로 변형된 인간도 아니며, 알파고와 같은 인공지능 로봇도 아닙니다. 그분은 하나님이 의도하신 참 인류의 원형이십니다. 만물을 새롭게 하시는 하나님의 의도 아래 있는 미래 세상의 시나리오는 인간의 지능을 복사한 로봇이 세상을 지배하거나 인간이 신의 자리에 앉아 지배하는 세상도 아닙니다. 유전자 조작이나 인공지능의 영향으로 변형된 인류가 주도하는 세상도 아닙니다. 지속적으로 신령한 쪽으로 자란 인류가 부활의 주님과 함께하는 세상입니다.

사도는 그러한 인류를 이렇게 소개합니다. 그들은 "택하심을 받은 족속이요, 왕과 같은 제사장들이요, 거룩한 민족이요, 하나님의 소유가 된 백성입니다"(벧전 2:9-10, 새번역). 그들은 창조 초기에 에덴동산이라는 거룩한 장소에서 거룩한 임무 수행을 위해 부르심 받은 인류에 비교할 수 있습니다. 그러나 그때와 다른 것은 실패한 인류가 아닌 하나님의 뜻을 성취하신, 부활하신 주님과 함께하는 인류라는 사실입니다.

만물을 새롭게 하시는 하나님의 창조의 시나리오에 참여한 새로운 인류에게도 초기의 아담이 받았던 것과 유형은 다르지만 본질적으로 같은 의미의 유혹이 있습니다. 끊임없이 세속적 문화에 매료당하는 것, 유전 공학으로 몸을 변형시켜 보고자 하는 욕망, 본인의 의도와는 관계없이 타인을 조종해 보려는 호기심, 결국은 인간이 신이 될 수 있다는 유혹입니다.

만물을 새롭게 하시는 하나님의 부르심에 참여한 인류로서, 이러한 유혹에 넘어지지 않기 위해서는 어떻게 해야 할까요? 안주하지 않고 깨어 있으면서 다음과 같은 덕목들을 실천해야 합니다. 하나님께로부터 영감, 밝은 통찰력, 인격의 조화, 창의력, 내적 기쁨, 평강, 자유의 소유, 따뜻한 마음, 서로를 향한 격려와 배려, 경청, 겸손, 명랑함, 용서와 화해 등. 이러한 덕목들을 생각하고 말하고 행동으로 옮겨 습관이 되게 해야 합니다.

밀과 가라지
비유

마 13:24-30

팔레스타인 지방에 농부 한 사람이 낮에 밭에 나가 씨를 뿌렸습니다. 그에게 원한이 있는 사람이 지켜보고 있다가 악의에 찬 계획을 꾸며 그 밤에 실행에 옮겼습니다. 그는 아무도 눈치채지 못하게 살그머니 그 밭에 가서 가라지를 뿌렸습니다. 다들 편안히 잠들어 있었습니다. 처음에는 아무런 문제도 야기되지 않았지만, 밀이 쑥쑥 자라면서 이상할 정도로 많은 가라지가 눈에 띄게 되었습니다. 처음에 가라지가 눈에 띄지 않은 것은 독보리 같은 잡초는 어릴 때 밀과 매우 유사해서 밀로 오인될 수 있기 때문입니다.

그러나 결국 진실은 백일하에 드러났습니다. 종들은 가라지를 보고 그것을 뽑아 버려야 하지 않느냐고 농부에게 물었습니다. 그러나 농부는 그러한 제안을 받아들이지 않았습니다. 농부의 생각은 가라지를 뽑아낼 때 밀이 다치지 않도록 둘 다 자라게 놔두는 것입니다. (지금 제거하는 것은 아무 의미가 없습니다.) 추수할 때 추수꾼들이 농부가 말한 대로 할 것입니다. 그때 결국 가라지는 뽑히고, 밀은 곳간으로 보내질 것입니다.

이 비유에서 중요한 것은 주인의 결정입니다. 판단의 권리는 주인만이 가지고 있습니다. 주인은 가라지와 그로 인한 피해를 참다가 나중 추수 때에 가서 둘을 가려내려 합니다. 주인의 결정은 그대로 실행되어야 합니다. 그전에 밀과 가라지를 판별하여 갈라내려는 노력은 주인의 계획에 간섭하는 것입니다.

하나님을 믿는 사람들은 세상 돌아가는 형세를 견딜 수가 없다고 생각할 때가 많습니다. 심지어 실망하거나 때가 되기 전에 질서를 바로잡고자 독자적으로 행동하려는 유혹을 끊임없이 받게 됩니다. 특히 예수님 공생애 기간에 예수님을 따르는 많은 사람들 가운데는, 제자들이 볼 때 저런 사람들이 어떻게 예수님을 따를 수 있는지 의문을 제기할 법한 사람들이 많이 있었을 것입니다. 더구나 바리새인들이나 율법사들의 눈에 비친 예수님의 제자들과 추종자들은 거의 다 밀밭에 가라지보다 못한 존재로 보였을지도 모릅니다.

사회 공동체에는 선한 사람들의 고통이 있습니다. 그것은 악한 사람들이 만들어 내는 무질서, 폭력과 그들의 오만, 그릇된 생각으로 인해 생겨납니다. 어떤 때는 악한 사람들을 모조리 뽑아서 다른 곳으로 옮길 수 없을까 생각할 수도 있습니다. 그러나 선한 사람들은 항상 추수 때가 있다는 것을 기억하고 낙심하지 말고 인내로 기다려야 합니다. 추수 때에 선한 사람들의 고통은 끝날 것이며, 악한 자들은 그들을 위해 마련되어 있는 운명을 당하게 될 것입니다. 역사의 주인이자 심판자는 하나님이십니다. 하나님이 역사를 주관하고 계십니다. 하나님은 어느 누구의 간섭도 받지 않으시고 당신이 정해 놓은 목표를 향해 모든 것을 이루어 가십니다.

하나님은 당신의 보호 아래 밀이 마르지 않고 한데 묶여 곳간에 쌓이게 될 것을 알고 계십니다. 사람들은 이 비밀을 모를 때 초조해하고 성급한 행동을 하게 됩니다. 하나님의 지고한 뜻에 순종하는 사람들은 하나님과 같은 마음을 가져야 합니다. 이렇게 생각하는 사람들에게는 강한 믿음과 깊은 이해와 사랑과 성숙한 지혜가 필요합니다. "원수 갚는 것은 내가 할 일이니, 내가 갚겠다"(롬 12:19, 새번역)라는 말씀을 기억해야 합니다.

이 비유를 대할 때 왜 마태가 이 비유를 자신이 쓴 복음서에 포함시켰을지 물음을 제기해 보게 됩니다. 아마도 마태는 자신의 공동체 안에 있는 경건주의자들을 생각하고 이 비유를 복음서에 편집하지 않았을까 추측해 볼 수 있습니다. 예수를 믿는 사람들 가운데는 지나치게 완벽을 추구하는 완벽주의자들도 있습니다. 그들은 잘못을 전혀 범하지 않고 결함이 없는 순수하고 완전한 사람, 그리고 순수한 교회를 이상으로 삼는 이상주의자들입니다. 그들은 공동체 안에서는 물론 사람의 육체와 영혼 안에서 자라는 가라 지들을 모두 제거하기를 원합니다. 이러한 시각은 쉽사리 폐쇄적인 경건주의나 독선에 빠져들게 합니다. 이러한 사람들은 교회 안에 존재하는 결함과 죄도 온 힘을 다 바쳐 용납하지 않습니다.

이 비유는 우리가 우리 자신이 지닌 결함과 잘못들을 어떻게 다루어야 하는가에 대하여 생각하게 만듭니다. 우리는 이 비유를 통해서 우리 안에 있는 결함들을 강압적으로 몰아내려고 하는 완벽주의적인 자세에 빠지지 않도록 자신을 지키는 방법을 배울 수 있습니다. 우리가 그러한 방법을 배워 익히면 나 자신뿐만 아니라 다른 사람과도 더 부드럽고 평화롭게 지낼 수 있습니다. 가정에서도 식구들 간에 평화롭고 온화한 가정을 만들어 갈 수 있습니다.

이 비유에서는 우리의 삶을 하나님이 좋은 씨앗을 뿌리신 밭에 비유하고 있습니다. 그러나 나쁜 의도를 가진 원수가 밤중에 몰래 밀들 사이에 가라지를 뿌려 놓았습니다. 막 자라나고 있는 가라지를 뽑아 버리기 위해서 주인에게 묻는 일꾼들은 모든 종류의 잘못들을 즉시 제거하는 것을 선호하는 이상주의자들의 편에 서 있습니다. 그러나 주인은 다음과 같이 말합니다. "아니다. 가라지를 뽑다가, 가라지와 함께 밀까지 뽑으면, 어떻게 하겠느냐? 추수 때까지 둘 다 함께 자라도록 내버려 두어라"(마 13:29-30, 새번역). "가라지 뿌리들이 밀 뿌리와 뒤얽혀 있어서 가라지를 뽑으면 밀도 함께 뽑힐 수 있다. 어떤 잘못도 범하지 않고 완벽하게 살아가고자 하는 사람은 그렇게 노력하면서 상당한 고통을 겪을 뿐 아니라, … 생명력도 … 자신의 강점까지도 파괴하게 되는 것이다"(안셀름 그륀, 《아래로부터의 영성》, 분도출판사, 1999, 26-27쪽).

"완벽한 존재로서 완벽하게 살아가고자 하는 사람의 밭에서는 오직 걱정에 가득 찬 밀들만 자라게 된다. 많은 이상주의자들이 자신의 영혼 안에 들어 있는 가라지들에만 신경을 쓰고 그것을 뽑아 없애 버리는 일에만 지속적으로 관심을 두면서 헤어 나오지 못하여, 그들의 삶은 이러한 작업에 의해 상당히 고통을 받는다. 완벽함을 추구한 나머지 다른 일을 위한 마음이나 힘 또는 어려운 일을 짊어질 여유가 없는 것이다"(앞의 책, 27쪽).

"가라지는 우리에게 불편한 것, 우리의 척도에 맞지 않는
것들을 모조리 밀어 집어넣은 인격의 어두운 그림자에 해
당될 수 있다. 그것은 바로 우리 안에 언제나 존재하는 것
이다. 가라지 씨가 밤에 뿌려졌다는 것은 바로 우리의 무
의식 세계에 존재한다는 의미이다. 우리는 의식하고 있는
낮 동안에는 모든 부정적 요소들과 어두운 것들을 거슬러
싸워 나갈 수 있으나, 밤에는 가라지 씨가 뿌려지는 일이
여전히 생겨난다. 그러므로 우리는 가라지와 화해해야 한
다. 그렇게 할 때 우리 삶의 밭에서 밀이 자랄 수 있다"(앞의
책, 27쪽).

또 그는 이어서 "우리에게 죽음의 시간이 다가왔을 때, 마
침내 하나님이 밀을 가라지와 분리시키실 것이고, 모든 가
라지를 불태우실 것"이며, "가라지를 불태우는 일이 우리
의 지상 생애 중에 일어난다면, 우리는 우리 삶의 일부분
을 함께 희생하게 될 것"(앞의 책, 27쪽)이기 때문이라고 했습
니다.

가라지와 화해한다는 것은 자신과의 화해를 의미합니다. 안셀름 그륀은《자기 자신 잘 대하기》(성서와함께, 2001)에서 또 이렇게 설명합니다. "자신과의 화해는 자신의 삶의 역사와 정말로 화해하는 것을 의미한다. 그것은 지금까지 살아온 그대로의 내 삶을 긍정하는 것이다. 내 부모를, 나의 교육을, 내가 받은 그대로의 내 성격을 긍정하는 것이다. 우리 안에는 있는 그대로의 삶과 우리와 우리 모습에 대항하는 수많은 반란들이 남모르게 존재한다"(141쪽).

"자기 자신과 화해한다는 것은 과거의 상처들과 화해하는 것을 뜻한다. 이 화해를 피하는 사람은 그가 받은 상처들을 다른 사람들에게 넘기거나 자기 자신에게 항상 반복해서 상처를 입히는 고통을 당한다. 화해하는 데는 오랜 시간이 필요하다. ⋯ 우리는 상처들과 친해져야 한다. 상처들에 '입을 맞추어야' 한다. 상처들을 잘 대해야 한다. 그러면 상처들은 새로운 삶의 원천으로 바뀔 수 있다"(앞의 책, 143쪽).

사람들은 상처를 피해 가거나 억압하거나 그 상처와 관련

된 사람을 증오하며 흥분합니다. 어디까지나 자신의 상처는 자신의 책임이 아니라고 책임을 회피합니다. 그리고 자기 연민 가운데 빠지곤 합니다. 이러한 방법으로는 상처의 치유도 어렵고 화해도 어렵습니다. 상처와 화해하는 한가지 방법으로, 나에게 떠오르는 생각들을 피하거나 거부하지 말고 그것을 받아들여 대화를 하는 것입니다. 그리고 하나님 앞에서 그 생각들을 바라보며 하나님이 이것을 통하여 내게 말씀하시고 싶어 하는 것이 무엇인가를 물어보는 것도 크게 도움이 됩니다.

묵상의
씨앗

막 4:1-12

인생의 겨울을 맞이한 나는 그리스도 안에서 생은 늙어 가
는 것이 아니라 익어 간다는 사실을 경험적으로 깨닫고 있
습니다. 나는 지금까지 하나님과 함께하는 생의 여정에서
전능하시고, 세상과 인간을 극진히 사랑하시며, 공의로우
신 평강의 하나님을 경험적으로 알아 오고 있습니다. 그분
은 내게 사회과학으로는 해결하지 못한 실존의 문제에 해
답을 주셨을 뿐만 아니라 그분의 손에서 치유되게 하시고,
나 자신과 화해의 삶을 살게 해 주셨으며, 나 자신을 넘어
서 다른 사람을 위한 버팀목이 되는 삶을 살게 하셨습니

다. 무엇보다 사랑의 하나님, 구원의 하나님과 함께하는 생의 여정에서 다른 사람 앞에서 연기를 하는 삶이 아닌, 진정한 나 자신으로 사는 자유인으로 살아가게 만들어 주셨습니다.

나는 그동안 그분과 동행하는 삶에서 돈으로 살 수 없는 소중한 잠언들을 경험하고 깨달아 갖게 되었습니다. 다른 사람을 도와줄 수 있는 생의 잠언이 있다는 그 자체가 삶이 소멸되어 가거나 늙어 가는 것이 아니고 익어 가는 것이라는 사실을 입증해 줍니다.

예수님은 이 땅에 오셔서 "하나님 나라가 왔다", "오고 있다"고 선포하셨습니다. 예수님은 자신과 함께 온 하나님 나라의 본질과 속성에 대해 여러 가지 비유로 말씀하셨습니다. 예수님은 당시의 사람들을 자신과 함께 온 하나님 나라로 초대하셨습니다.

예수께서 하나님 나라에 대해 말씀하실 때 단순히 어려운 것을 쉽게 설명하기 위해 비유를 사용하신 것만은 아닙니다. 사람들이 예수님과 함께 온 하나님 나라에 들어가게 하시기 위해서였습니다. 하나님 나라는 비유로 설명되어서, 듣는다고 누구나 다 거기에 들어갈 수 있는 것이 아닙니다. 비유의 문자적 의미를 이해하더라도 여전히 그 귀와 눈이 닫혀 있어 그 나라와 멀어지는 사람들이 있는가 하면, 그 비밀을 깨달아 알게 되어 그 나라에 속하는 사람들이 있습니다.

예수님이 하나님 나라의 본질과 속성에 대해 비유로 말씀하신 또 다른 의도는 하나님 나라의 진리가 체험적이기 때문에, 그 진리의 깨달음에서 그 나라에 속하는 사람이 가지는 기쁨과 변화의 삶으로 더 깊이 들어가게 하시기 위해서입니다. 비유의 말씀을 듣는 사람들 가운데는 의문과 장애물이 있지만 거기에 빠지지 않고 지속적으로 깨달음의 자리로 나아가는 사람도 있고, 그만 실패하고 마는 사람도 있습니다. 예수님은 그러한 실패를 넘어 결국은 그 나라와 예수 그리스도를 바로 이해하는 자리에 나아갈 수 있도록 사람들을 부르고 계십니다. 이것이 비유로 말씀하신 목적입니다.

비유 가운데 인용된 이사야서 말씀(사 6:9-10)은 비유가 모든 사람에게 다 똑같은 의미로 다가가지 않는다는 것을 말해 줍니다. 예수님은 하나님 나라의 비밀이 주어진 '너희'와 '외인들'을 구분하십니다. '너희'(하나님 나라에 속한 사람)에게는 풍성한 결실에 해당하는 세 가지 결과인 깨달음과 돌이킴과 죄 사함이 이루어지지만, '외인들'에게는 그러한 것들이 이루어지지 않습니다. 그러므로 이 둘 사이에는 엄청난 격차가 생기게 됩니다.

예수께서 비유로 가르치실 때 '말씀하심'과 '들음'이라는 중요한 두 단어가 나옵니다. 예를 들어, 본문의 비유에서 예수님은 "그들에게 이르시되"(막 4:2)로 시작해서 "들을 귀 있는 자는 들으라"(막 4:9)로 마치십니다. 여기서 '말씀하심'과 '들음'은 사람들로 하여금 진정한 깨달음에 이르게 하는 가장 기본적인 전제 조건입니다. 특별히 본문 비유에서 '들으라'와 '보라'는 단순히 귀만이 아니라 마음의 눈까지 열어서 듣는 가운데 보고 깨닫고 변화되는 반응이 있어야 함을 강조하는 것입니다.

비유에 나타나 있는 네 종류의 밭은 농부가 씨를 뿌리기 전에는 그것들이 어떤 종류의 밭들인지 표면으로 드러나지 않습니다. 때가 되어 농부가 씨를 뿌린 후에 얼마의 시간이 지나고 나서 그 실상이 드러납니다. 어떤 유형의 밭이냐 하는 것은 씨와의 접촉에서 드러납니다. 얼핏 보기에는 구분하기 어려울 정도로 다 비슷하지만, 일단 씨가 뿌려졌을 때 비로소 그 땅의 참모습이 드러납니다. 씨가 뿌려지기 전에는 그다지 뚜렷한 구분이 생기지 않지만, 씨가 뿌려진 후에는 차이가 현저해집니다.

밭 가운데는 아예 싹을 내지 못하는 땅도 있고, 싹을 내어도 곧 말라 죽게 되는 땅도 있고, 어느 정도 자라기는 해도 결실에는 이르지 못하는 땅도 있습니다. 이러한 땅들은 삼십 배, 육십 배, 백 배의 결실을 내는 땅과는 확실히 구별됩니다. 이러한 차이를 만들어 내는 것은 씨앗입니다. 씨앗에 의해 그러한 차이가 생겨납니다. 그전에는 표면적으로는 다 같았지만, 씨와의 접촉을 통해 서로 다른 결과가 드러나는 것입니다. 하나님의 말씀은 그만큼 결정적인 중요성을 가집니다. 우리의 생이 말씀과 접촉이 없을 때 표면적으로는 다 같아 보입니다. 그런데 말씀과 접촉을 통해 삶이 현저하게 구별됩니다. 그 구별은 양적인 차이가 아닌 질적인 차이를 의미합니다.

하나님의 말씀이 땅속에 가만히 파묻혀 있는 것 같고 때로는 실패하는 것 같지만, 구별된 좋은 밭들 속에서는 결코 실패하지 않습니다. '구별된 좋은 밭'이란 말씀의 씨앗이 떨어졌을 때 그것을 그냥 흘려보내지 않고 품고 음미하고 결단하고 행하는 것을 의미합니다.

여기서 우리가 간과해서는 안 되는 중요한 물음이 있습니다. "하나님 나라의 현실은 어떤 것인가? 하나님 나라에 속하게 될 때(발을 들여놓았을 때) 우리의 삶에 구체적으로 어떤 변화의 현상(삶의 방식)이 일어나는가?"라는 질문입니다.

먼저 아름다운 동행이 시작됩니다. 하나님의 나라에 발을 들여놓은 사람에게는 그 시간부터 하나님과 함께하는 새로운 삶의 여정이 시작됩니다. 이 여정은 생의 어느 한 순간으로 끝나지 않고, 현실에서는 물론 영원히 지속됩니다.

이 여정에서 시작은 현재의 '나'에서 출발합니다. 이 여정에서는 하나님과 대화의 삶이 이루어집니다. 묵상의 삶이 시작됩니다. '오늘도 하나님이 나에게 무엇을 기대하며 말씀하시는가?' 언제나 기대 속에서 그분의 말씀에 귀를 기울이게 됩니다.

다음에 나 자신과 화해의 삶이 시작됩니다. 하나님과 동행하는 삶에서 자기의 어두운 면을 자신의 일부분으로 받아들이고 인정하며, 자신의 상처와 입 맞추며, 다른 사람과 비교하는 삶에서 벗어나며, 자신을 있는 그대로 사랑하며 받아들이는 새로운 삶의 방식이 시작됩니다. 하나님 나라에서는 아무도 완벽주의자가 되지 않습니다.

또한 자아(ego)의 속박에서 풀려난 자유인이 되면서 다른 사람에 대해 선한 관심과 사회인으로서 책임을 갖게 됩니다. 소박한 삶으로 변화됩니다. 내일의 염려에서 벗어나면서 점점 오늘의 일용할 양식을 구하는 삶의 방식으로 바뀌어 가게 됩니다. 삶의 통제소가 바뀌게 됩니다. 그전에는 세속적 가치에 의해 통제받고 살았다면, 점점 삶의 통제소가 은밀한 가운데 계시는 하나님으로 바뀌게 됩니다.

이러한 삶의 방식은 생의 계절과 함께 지속적으로 성장하게 됩니다. 비유에서 말하는 삼십 배, 육십 배, 백 배는 한 순간에 이루어지는 성장이 아닙니다. 우리 삶은 생의 계절을 통해 꾸준히 지속적으로 익어 갑니다. 그런데 여기에는 장애물과 위험의 요인들이 곳곳에 숨어 있습니다. 비유에 좋은 밭이 아닌 세 종류의 밭은 바로 그러한 위기를 의미합니다. 이러한 위기를 넘어설 수 있는 길은 언제나 성령의 인도하심과 그 능력에 자신을 위탁하는 것뿐입니다. 그렇게 하지 않으면 실패합니다.

우리는 하나님 나라에 속한 사람들입니다. 하나님 나라에 속한 사람은 입구 초입에서 서성거리면 안 됩니다. 점점 깊은 곳으로 들어가야 합니다. 그래야 하나님 나라의 신비를 깨달아 갈 수 있습니다. 밭에 숨겨진 보화와 많은 모조품 진주 가운데 진짜 진주를 발견하는 기쁨과 충만함이 바로 그 신비입니다.

우리 남은 생의 여정이 하나님 나라에 속한 백성이라는 특별한 은혜의 자리에서 지속적으로 익어 가야 합니다. 그렇지 않으면 우리는 실패합니다. 우리의 이 여정은 이 현실에서 끝나지 않고 영원의 시간으로 이어집니다. 예수님은 하나님 나라의 현실성을 그림 언어로 우리에게 전개하십니다. 그리고 그 나라에 발을 들여놓도록 부르십니다. 예수님은 그 나라에 들어가도록 우리를 강요하거나 협박하지 않으십니다. 예수님은 그저 그 나라에 속하는 자유, 기쁨, 변화 속으로 사람들을 부르십니다.

자아에서
하나님에게로

시 77:1-20

시편 77편을 지은 시인은 전형적으로 하나님께 순종하는 삶을 살았던 사람으로 생각됩니다. 시인의 순종은 자아에 관한 관심과 깊은 연관이 있습니다. 이 시편 7-9절에 하나님의 속성인 인자하심(hesed), 은혜(hanan), 긍휼(raham)이 나타나 있습니다. 이러한 속성을 지니신 하나님은 시인에게 매우 가까운 분이셨습니다. 하나님이 가까이하셨다기보다 시인 자신이 그렇게 생각하고 있었습니다.

시인에게 인자하신 하나님은 시인이 기대하는 대로 시인

의 소원을 들어주는 하나님이셨습니다. 그러한 하나님은 시인에게 매우 특별하신 분으로, 시인 자아의 중심에서 이해한 하나님이셨습니다. 시인은 그러한 신앙의 토대 위에서 하나님에 대해 그 나름대로 어떤 기대를 가지고 있었습니다. 그런데 어떤 이유에서인지 하나님을 향해 품었던 그러한 기대가 깨어졌습니다.

이 시의 전반에서 시인은 자기 자신에게 몰두해서 자기 연민 가운데서 하나님께 부르짖습니다(1-6절). 여기서 '나'라는 말이 12회(새번역) 반복해서 나옵니다. 시인이 얼마나 자기 자신에게 집착하는지를 알 수 있습니다. 본문은 시인이 자기 자신에게 깊이 뿌리를 내리고 있으며 관습에 묶여 있다는 사실을 보여 줍니다. 본문의 내용은 시인이 거의 하나님께 항거하는 내용입니다. 시인은 전형적으로 하나님께 순종의 삶을 살면서, 반면에 하나님께 그가 바라는 어떤 기대를 가지고 있었습니다. 그런데 시인이 하나님께 기대하고 있었던 대로 모든 것이 되지 않았습니다.

여기서 시인은 하나님에 대해 의문을 품게 됩니다. 7-9절에 그러한 사실이 잘 나타나 있습니다. "하나님은 진정 인자하신 분인가? 그분은 은혜로우시고 긍휼이 많으신 분인가?" 이러한 질문은 하나님이 전연 다른 분으로 바뀌셨다기보다, 시인이 기대하고 소망하던 하나님이 아니시라는 사실에서 생긴 물음입니다. 그전에는 하나님이 시인에게 매우 가까이 계시고 호의적인 분이셨는데, 지금은 매우 멀리 계신 분이십니다.

시인은 깊은 자기 연민, 나르시시즘 가운데 울부짖고 있습니다. "주님께서 나를 영원히 버리시는 것일까? 다시는, 은혜를 베풀지 않으시는 것일까? 한결같은 그분의 사랑도 이제는 끊기는 것일까? 그분의 약속도 이제는 영원히 끝나 버린 것일까? 하나님께서 은혜를 베푸시는 일을 잊으신 것일까? 그의 노여움이 그의 긍휼을 거두어들이신 것일까?"(시 77:7-9, 새번역).

하나님은 시인 자신이 부르기만 하면 언제든지 응답하는 분이 아니셨습니다. 그전까지만 해도 시인은 하나님을 '자아'라는 매우 좁은 범주에서 이해했습니다. 하나님은 시인이 생각한 것과 같이 인간의 자아의 범주에 가두어 놓을 수 있는 분이 아니셨습니다. 시인은 이제 하나님을 떠나거나 스스로 절망의 나락으로 떨어지거나 하는 기로의 순간에 도달했습니다. 그러나 이러한 위기는 시인이 자아로부터 하나님께로 새롭게 발을 옮겨 딛게 하는 계기가 되었습니다. 이것이 시인이 가진 신앙의 위대함입니다. 10절에서 이 시의 결정적인 반전이 이루어지는 계기가 됩니다. "그때에 나는 또 이르기를 '가장 높으신 분께서 그 오른손으로 일하시던 때, 나는 그때를 사모합니다' 하였습니다"(시 77:10, 새번역).

시인은 지난날 하나님이 행하신 일들을 회상해 봅니다. 시인이 알게 된 것은, 하나님은 인간의 어떤 규범이나 원칙에도 묶이지 않는 자유하시는 하나님, 온전히 예측하거나 이해할 수 없는 분이시라는 것입니다. 이러한 하나님은 시인에게 받아들이기 매우 힘든 것이었습니다. 이러한 자유하시는 하나님 인식으로 인해 시인은 자신을 온전히 내려놓지 않으면 하나님과 지속적인 관계를 맺는 일이 거의 불가능했습니다.

이제 시인에게는 새로운 신앙생활이 필요했습니다. 지금까지는 인자하신 하나님, 은혜의 하나님, 긍휼의 하나님에게서 평안함, 안정, 고난이 없는 생을 기대하며 하나님께 순종을 바쳐 왔던 시인이었습니다. 하지만 이제 그의 존재의 기반, 즉 자기 자신을 넘어선 생의 의미와 목적을 설정해 나아가지 않으면 안 되었습니다. 시인은 자아에 대한 관심을 전적으로 하나님께 양보하지 않으면 안 되었습니다.

시인은 자신의 편견에서 깨어나야 하는 위기에 도달했습니다. 시인은 하나님이 자기를 돌보지 않으신다는 매우 협소한 개인적 고통의 영역에 갇혀 있었습니다. 하지만 그러한 협소한 신앙의 의제는 산산조각 났습니다. 시인은 지난날 이스라엘 역사를 구체적으로 언급하면서 무엇과도 비교할 수 없으신 하나님을 인식하면서 '나'(자아)에서 '당신'(하나님)에게로 나아갑니다.

이 시편은 시인 개인의 이야기라기보다 이스라엘 백성에 관한 이야기, 우리의 이야기입니다. 이 시편은 우리 모두

가 이와 같은 싸움을 하면서 산다는 것을 일깨워 줍니다. 우리는 '나'와 확실한 짝이 되어 우리가 설정해 놓은 안정이 깨어지지 않기 위해 싸웁니다. 우리는 우리의 행복을 위해 이기적으로 순종하는 매우 협소한 신앙과 거룩하신 하나님 앞에서 두려움과 경탄과 전율을 느끼는 완전히 자유롭고 상상력이 넘치는 신앙 사이에 있습니다.

시인은 과거로 돌아가지 않고 새로운 세계로 나아가기에 위대합니다. 시인은 이스라엘의 과거의 역사를 회상하면서, 그 시간에서 그는 그의 자아의 범주에서 활동하지 않으시고 그것을 벗어나서 자유롭게 활동하신 하나님을 보게 됩니다. 이 시편 후반 11절에서부터 한 번도 '나'가 언급되지 않습니다(개역개정 기준). 전적으로 '하나님', '당신'입니다(히브리어 원문에 '주님'이 '당신'으로 되어 있습니다). 시의 후반에는 '나' 대신에 '주님', '당신'이라는 말이 등장하며 전반의 내용과 매우 대조적으로 나타납니다. '나'에서 '주님', '당신'에게로 변했습니다.

우리는 우리의 기대와 정반대의 일들이 발생할 때 하나님이 침묵하신다고 합니다. 하나님은 없다고 단정 짓곤 합니다. 하나님은 무관심하시다고 생각합니다. 그래서 우리는 하나님 아닌 것들에서 우리의 문제의 해답을 찾으려 합니다. 코로나 전까지만 해도 우리의 중심에 자리 잡고 계셨던 하나님은 전적으로 우리 편에 계셨습니다. 그 하나님은 우리의 안보를 지켜 주시는 하나님, 경제를 부흥시켜 주시는 하나님, 우리나라를 세계 상위권에 오르게 하신 하나님이었습니다. 그러나 코로나를 겪으며 우리의 자아 중심에 머무셨던 하나님은 우리와 점점 멀리 계신 하나님입니다.

전 세계적인 전염병은 우리가 누리던 안정의 기반을 모두 앗아 갔습니다. 개인과 국가 간의 관계를 모두 단절시켰고 문명의 허세를 모두 무너트렸습니다. 착하게 산 사람이나 신분이 높은 사람이나 구분 없이 전염병으로 생명이 중단되는 것을 봅니다. 교회의 대형화를 막아 버렸습니다. 한편 인간의 지혜로 대처하고 있지만, 인간의 한계 또한 절감하고 있습니다. 이로 인해 우리의 일상이 모두 중단되거나 무너져 내린 것을 보면서 하나님이 분명히 우리에게 말씀하시는 바가 있습니다. 동시에 우리는 이러한 상황에서 매우 신비스러운 광경을 목격하게 됩니다. 우리가 그렇게 학대하던 자연이 새롭게 숨을 내쉬며 생기를 되찾으며 웃고 있는 모습을 보기도 합니다.

포스트 코로나로 접어들면서 교회는 없어진다는 말도 있고, 청년들이 교회로 돌아오지 않는다는 비관론도 팽배합니다. 목회자들은 어떻게 하면 교회가 지난날의 영광을 되찾을지, 어떻게 하면 교회를 떠난 사람들을 다시 돌아오게 할지를 놓고 매우 고심하고 있습니다.

하나님의 피조물인 우리는 우리의 자아를 넘어서 자유롭게 활동하시는 하나님의 품에 안기기 전까지는 결코 안식할 수 없습니다. 그러나 무엇보다 중요한 것은 교회가 자아와 나르시시즘에 갇혀 있는 우상을 되찾느냐, 그렇지 않으면 그 범주를 넘어서 자유롭게 행동하시는 하나님에게로 나아가느냐에 있습니다.

3부

의미 있는 노년

탄식을 넘어
희망으로

롬 8:18-25

나의 생의 여정에서 오늘에 이르기까지 신앙생활에 몇 번
의 전환점이 있었습니다. 한때 나는 현재의 어두운 감정으
로 미래를 단정 짓곤 하던 때가 있었습니다. 그 시절 나의
미래는 언제나 어두웠습니다. 미래가 없는 탄식의 울타리
에 갇혀 있었습니다. 그런데 하나님에 대한 새로운 이해와
깨달음에서 탄식의 울타리를 넘어서 희망의 시간을 보게
되었습니다. 그러한 깨달음은 나의 삶에 상당한 변화를 가
져왔습니다.

나의 삶에 전환점을 가져온 하나님에 대한 이해와 깨달음은 이러한 것들이었습니다. '피조 세계에 대한 하나님의 생각은 심판과 저주가 아니다. 하나님은 세상을 지으신 다음에 세상을 악에게 일임한 채 다른 일만 하고 계신 것이 아니라, 세상을 극진히 사랑하시며 그분의 형상으로 지으신 인간과 사랑의 사귐을 기뻐하신다. 그리고 기독교 신앙에서 종말은 모든 피조물의 파멸이 아니며, 새로운 역사의 시작이다.' 이러한 사실은 나에게 삶의 희망과 긍정의 이유가 되었습니다. 그리고 나의 미래를 현재의 탄식과 고통에서 결론짓지 않고 하나님의 희망과 사랑에서 받아들이게 되었습니다.

사도 바울은 "피조물이 다 이제까지 함께 탄식하며 함께 고통을 겪고 있는 것을 우리가 아느니라"(롬 8:22)라고 했습니다. 새번역성경에는 "모든 피조물이 이제까지 함께 신음하며, 함께 해산의 고통을 겪고 있다는 것을, 우리는 압니다"로 번역되어 있습니다. 사도 바울이 말하는 탄식과 고통은 주식 투자를 했다가 모두 손해를 보고 깊은 절망 가운데 겪는 것이 아닙니다. 새로운 사업을 시작했다가 코로

나로 인해 모두 실패한 탄식과 고통도 아닙니다. 바울이 말한 탄식과 고통은 하나님께로부터 인간 본연의 삶의 은사와 책임을 부여받은 인간이 삶의 실패를 겪는 데서 비롯된 탄식과 고통입니다. 이것은 하나님이 주신 형벌이라기보다 인간 스스로 삶에 실패하며 온 것입니다.

하나님의 창조 세계와 그 안의 모든 피조물이 학대와 수난을 당하려고 지으심을 받은 것은 아닙니다. 그러므로 하나님의 형상인 인간, 그리고 하나님이 사랑하시는 창조 세계 자체는 타고난 특성상 죽음에 이르고 새 생명을 받는 과정에서 조용히 침묵을 지키지 않습니다. 고통스러운 탄식을 부르짖게 됩니다.

그 대표적인 예로 가인이 동생 아벨을 돌로 쳐 죽였을 때, 죽은 아벨은 완전히 사라지지 않았습니다. 땅속에서 부르짖었습니다. 아벨의 부르짖음은 신원해 달라는 부르짖음, 폭력에 의한 고통의 부르짖음이었습니다. 좀 더 나아가 이 부르짖음은 다시 주어질 생명의 부활을 향한 탄식이기도 합니다. 이 부르짖음이 '땅에서부터' 들려왔습니다(창 4:10).

아벨의 죽음 이후부터 땅은 인간이 폭력을 일삼는 무대이자 인간 폭력의 증인일 뿐 아니라, 피로 흠뻑 물든 땅에 비통을 초래하는 폭력의 잔여물을 실어 나르고 있습니다. 이 최초 인류의 비극이 거기서 끝난 것이 아니라, 인간 역사 속으로 들어왔습니다.

사도 바울이 말하는 탄식과 고통은 '미래 없는 탄식'이 아닙니다. 미래 없는 탄식과 고통은 염세주의, 자기 연민에 빠져 있는 것입니다. 그것은 새로운 선물도, 새 창조도 없는 포기입니다. 한편 '탄식 없는 미래'도 아닙니다. 그것은 낙관주의, 심리치료, 과학의 발전으로 새 세상이 가능하다는 속임수입니다.

사도가 말하는 탄식과 고통은 새 창조를 바라보며 그때를 기다리는, 해산을 앞둔 여인의 고통과 같은 것입니다. 기독교 신앙에서 우리가 희망하는 미래는 안락하고 편리한 선물이 아닙니다. 그것은 자동적으로 오는 것이 아닙니다. 그것은 신비에 싸인 하나님의 선물입니다. 모든 피조물은 상당한 대가를 치르고 그 선물을 받으라는 초청을 받고 있습니다.

하나님 편에서 보면, 새 창조는 하나님이 선택하시는 대로 옵니다. 그러나 새 창조의 도래에는 인간이 거부할 수 없는 윤리적 요구가 있습니다. 인간에게 주어지는 하나님의 선물인 새로운 삶은 막대한 대가를 치르고 온다는 것, 그 대가는 옛 창조가 실패했으며 제대로 기능하지 않는다는 것을 인정하며, 새 창조를 진정으로 환영하고 받아들이는 것입니다. 옛 세상과 새 세상 사이의 탄식의 순간은 피할 수 없지만, 새 창조로 진입하는 입구는 매우 좁습니다. 탄식은 하나님의 새 창조라는 미래로 들어가는 문입니다.

우리에게는 두 가지 습성이 있습니다. 하나는 실패한 창조 세계를 인정하면서도 탄식하기를 거부하는 부인입니다. 다른 하나는 탄식 이후에 새로움을 기대하지 않는 절망입니다. 이 두 가지는 새로움을 불가능하게 합니다. 왜냐하면 탄식이 없으면 새로움이 태어날 수 없고, 희망이 없으면 탄식에서 빠져나올 수 없기 때문입니다.

물론 새 창조는 하나님이 우리 가운데 주시는 완전한 선물입니다. 그러나 그 선물은 오직 옛 창조 세계 안에서 탄식할 때만 주어집니다. 창조 세계의 탄식이 저절로 새로움을 가져올 수는 없습니다. 새로움이 오기 위해서는 반드시 탄식이 필요합니다. 모든 피조물 가운데 인간이 본래의 창조 세계에서 부여받은 자신의 역할을 가장 심각하게 망치고 말았으므로 반드시 탄식해야 합니다. 피조물인 인간은 반드시 새 창조를 맞이하기를 희망해야 합니다.

성경에서 절망을 부수는 탄식과 고통을 극복하는 부르짖음에 대한 사건이 십자가에서 외치신 예수님의 절규입니다. 그 절규는 부활의 새로움으로 나아가는 길을 여는 탄식입니다. "나의 하나님, 나의 하나님, 어찌하여 나를 버리셨나이까"(마 27:46)라는 절규가 부활의 새로움으로 나아가는 길을 열어 놓았습니다. 새 창조를 희망하는 우리가 우리를 죽음으로 이끄는 현재의 역기능과 단절하고, 새로움을 낳으시는 하나님을 향해 진심으로 탄식의 소리를 발할 때, 그때 하나님이 새로움을 주십니다.

모든 피조물이 탄식 가운데 기다리는 새 세상은 하나님의 자유에 의해 이루어지는 세상입니다. 그 세상은 탄식, 고통을 거쳐야 합니다. 그 고통은 옛것과의 단절, 결별, 그리고 현재 누리는 것들에서 느끼는 허무에서 옵니다. 현재 누리는 안락함, 평안, 낭비를 즐기는 데서는 새 세상이 오지 않습니다. 그렇다고 극도의 절망에서 자포자기하는 데서 오지도 않습니다. 예수 그리스도의 십자가에서 절규는 깊은 탄식과 고통 가운데서 열리는 새 세상, 새 삶이 어떤 것임을 알려 줍니다.

하나님은 당신이 창조한 세상을 포기하지 않으십니다. 반드시 만물을 새롭게 하십니다. 그렇다고 이 세상에서 일어나는 모든 일이 다 미리 짜인 계획표에 의해 진행되는 것은 아니지만, 이것 하나만은 분명합니다. 하나님이 창조하신 세상은 본래 가인의 후예들(악인들), 즉 악이 지배하도록 만들어진 세상도, 아벨의 후예들의 피가 영원히 땅속에서 신원의 탄식을 하면서 울부짖도록 계획된 세상도 아닙니다. 하나님의 사랑과 기쁨에 의해서 지어진 세상은 그러한 것을 거부하며, 그분의 뜻에 의해 결국 모든 것이 완성될 것입니다. 하나님 백성의 믿음과 희망은 이 진리에 기초합니다.

그리스도인은 하나님의 초청을 받아들인 사람들입니다. 우리는 하나님의 백성이 된 후에 이 세상을 벗어나서 사는 것이 아니라, 세상 속으로 더 깊이 들어가서 살아야 합니다. 그러므로 하나님의 백성이 되기 전보다 모든 피조 세계를 바라보면서 탄식이 더 깊어지게 됩니다.

우리는 우리가 살고 있는 현실에서 우리 주위를 맴도는 어두움의 기운, 즉 우리를 무력화시키고 피폐케 만드는 끔찍한 죽음의 힘을 감지합니다. 우리는 우리의 세상이 언제나 파괴 일로에 있다는 사실도 압니다. 우리는 식지 않는 분노와 사라지지 않는 두려움 가운데 불타오르는 야만을 봅니다. 그러한 야만의 흔적이 잔인과 가난과 배고픔으로 가득한 세상 곳곳에 새겨져 있고, 그와 더불어 죽음이 곳곳에 있습니다.

이러한 현실에서 하나님의 백성의 탄식은 미래가 없는 탄식이 아니라, 해산의 고통을 겪고 있는 탄식입니다. 하나님의 백성은 하나님과 사귐 가운데서 하나님에 의해 이루어지는 새 세상을 부분적으로 경험하고 있으므로 그전보다 더 간절한 마음으로 새로운 시간을 기다리게 됩니다.

우리의 공포, 두려움, 상처, 우리가 이때까지 헤아리지 못한 상실과 고통 모두가 예수의 죽음이라는 전 우주적 슬픔인 십자가상에서 절규하신 예수 그리스도께 다 모아졌습니다. 우리는 십자가에서 절규하시는 예수를 볼 때 "아, 하나님이 인간과 피조물을 버리셨구나!"라고 절망의 탄식을 외치지 않습니다. 그와는 반대로, 만물을 새롭게 하시는 하나님의 사랑과 능력을 보게 됩니다. 그러면서 깊은 탄식과 함께 "아하!" 하고 탄성을 지르게 됩니다.

하나님 백성의 탄식은 절망, 좌절, 희망 없음에서 나오지 않습니다. 탄식 끝에 하나님 백성은 탄성을 지릅니다. 거기에는 절망과 암흑이 아닌, 하나님의 선물인 새 삶에 대한 깨달음, 감탄, 희망, 기쁨, 감사가 들어 있습니다. 하나님의 백성은 허무한 데 굴복하지 않도록 언제나 경계해야 합니다. 악은 우리를 허무한 데 굴복하도록 집요하게 유혹합니다. 우리가 허무한 데 굴복해서 살아갈 때 삶이 망가지고, 하나님의 선물인 새로운 삶은 소멸하고, 우리의 미래는 없습니다. 하나님의 선물인 새 삶에는 분명한 미래가 있습니다.

한 가지 비유로 말씀드리면, 내가 살아온 80년이라는 세월은 결코 짧은 시간은 아닙니다. 하지만 나는 80의 언덕에서 한순간에 지나온 전체를 돌아보게 됩니다. 80년이라는 세월을 긴 수로로 비유하면, 그 수로는 직선이 아니고 구불구불합니다. 80년이라는 세월에 걸쳐 만들어진 수로가 직선이 아니고 구불구불하다는 것은 탄식과 고통이 있는 세상에서 그만큼 우여곡절이 많았다는 의미입니다.

그 수로는 누가 만들어 놓은 것이 아니라, '나'라는 한 인간의 영혼이 탄식과 고통 가운데서 새 삶으로 부르시는 하나님의 부르심에 응답해 오면서 만들어진 나만의 유일한 수로입니다. 앞으로 남은 시간은 지나온 시간에 비하면 매우짧습니다. 이 수로의 종착지는 무덤도 아니며, 우리를 삼면으로 둘러싸고 있는 바다도 아닙니다. 이 수로의 종착지는 하나님이 계시는 영원한 본향입니다.

남은 시간이 길건 짧건 우리 모두가 분명히 알아야 할 것은 남은 시간의 삶을 허무한 것에 굴복해서 살지 않아야 한다는 것입니다. 그러기 위해서는 건전한 생존 방식을 배워 가야 합니다. 요즈음 사람들이 건강한 생존을 위해 웰빙(well-being)에 깊은 관심을 갖고 있습니다. 이러한 관심은 매우 좋은 것입니다. 그리고 사람들은 창의적인 취미 생활에도 관심을 많이 기울이고 있습니다. 이것도 역시 장려할 만한 삶의 방식입니다.

거기에 더해서 좋은 인간관계, 어려움을 당한 이웃에게 따뜻한 사랑의 관심 등 모두 아름다운 것입니다. 그리고 일상에서 행해지는 가사일, 육아 등 하나님의 백성인 우리는 이러한 삶 전체가 하루하루 만물을 새롭게 하시는 하나님의 창조에 참여하는 응답이 되어야 합니다. 이 모든 것과 함께 더 중요한 것은 매일매일 건강한 영적 양식을 섭취해 가는 일입니다.

그리고 하나님에 대한 우리의 이해를 넓혀 가야 합니다. 우리는 창조주 하나님, 사랑의 하나님, 정의와 공의의 하나님을 나의 경건, 나의 착함에 가두어 놓고 나만을 위해 주시는 하나님으로만 생각하면 안 됩니다. 하나님은 나의 경건과 착함이라는 범주에 안주하지 않으십니다. 하나님은 우리의 어떤 제한에도 묶이지 않으시고 그분의 자유 가운데서 우리의 상상을 초월해서 활동하십니다. 우리는 그 자유 가운데서 활동하시는 하나님께 우리의 시선을 고정시켜야 합니다.

그러한 하나님이심에도 불구하고 그분은 우리와 사귐을 기뻐하시며, 우리의 사정에 귀 기울이기를 즐겨하십니다. 우리는 그분께 우리의 하루하루 삶으로 응답해야 합니다. 그리고 우리는 하루하루를 건성으로 살지 않고 진지하게 살아가야 합니다.

나이 듦의
의미

시 92:12-15

하나님이 창조하신 이 세상, 그중에서 지구에는 모든 피조
물이 살아갈 수 있는 여건이 다 구비되어 있습니다. 그중
에서도 피조물의 삶의 전 과정의 리듬을 돕는 계절의 변화
봄, 여름, 가을, 겨울이 있습니다. 피조물 가운데서도 하나
님의 형상으로 지으심을 받은 인간의 생의 전 과정에는 생
의 사계절, 즉 생의 봄, 여름, 가을, 겨울이 있습니다. 생의
계절의 길이가 시대의 변화에 따라 달라지기는 해도, 인간
은 이러한 생의 리듬을 넘어설 수는 없습니다.

인간 생의 계절은 각기 특성이 있습니다. 자연계의 봄과 같이 인생의 봄 역시 태어남과 성장입니다. 유아기, 청소년기가 인생의 봄입니다. 이 기간에는 자기희생과 포기보다는 소유의 의미가 더 큽니다. 이 시기에 부모로부터 사랑을 받아야 하고 미래의 삶을 충분히 준비해야 합니다. 생의 봄에 충분한 소유가 이루어지지 않으면 다가오는 생의 계절을 의미 있는 시기로 맞아들이기 어렵게 됩니다. 그래서 유아기, 청소년기에는 포기를 강요하기보다 건전한 것들을 바르게 소유하는 법을 가르쳐 주어야 합니다.

우리는 신앙은 포기라고 생각해서 어린 시절부터 자기희생과 포기를 가르쳐 주는 것이 올바른 신앙 지도라고 생각하기 쉽습니다. 그러나 그러한 생각은 매우 잘못된 것입니다. 다른 사람을 위해 자신의 것을 포기할 수 있고 희생할 수 있는 사람은 인생의 봄에 온전한 소유를 배운 사람입니다. 인생의 봄은 하나님이 그에게 계획하고 기대하시는 그 일을 하기 위해서 준비하는 시기를 의미합니다.

그다음 단계로 찾아오는 생의 여름은 왕성한 활동의 계절입니다. 생의 다른 어느 계절보다도 많은 활동을 필요로 합니다. 자연계의 식물들이 그들 본연의 독특한 자태를 드러내면서 열매를 맺어 가는 것과 같이, 인생의 여름에 이루어지는 활동의 대부분은 생의 어떤 목적을 성취해 가는 과정이라 할 수 있습니다. 인생의 봄이 꿈의 계절이라면, 인생의 여름은 그 꿈을 실현해 가는 계절, 그 꿈을 위한 구체적인 행동을 나타내는 계절입니다. 그러한 행동을 통해서 분명한 자기 정체성을 이루어 가게 됩니다.

인생의 가을은 생의 새로운 전환점입니다. 그러므로 이 시기에 어떤 새로운 일을 시작하려고 하기보다 지금까지 해오던 일을 정리하고, 포기해야 할 것을 포기하고, 자기의 현실을 솔직하게 받아들여야 합니다. 자신의 현실을 그대로 받아들이는 일 역시 신앙 없이는 매우 힘듭니다. 신앙 가운데서 평온한 마음으로 자신의 현실을 받아들일 수 있습니다. 우리는 신앙을 가진다는 것을 초인이 되는 것으로 착각할 수 있지만, 신앙은 결코 그러한 것이 아닙니다.

생의 가을 다음으로 찾아오는 것이 생의 겨울입니다. 인

생의 겨울은 자기가 걸어온 길을 회고하는 시기이며, 미래
에 자신에게 새롭게 열릴 영원한 세계를 바라보는 시기입
니다. 인생의 봄, 여름, 가을을 주님과 함께 살아온 사람은
인생의 겨울을 누구보다 평온하게 맞이할 수 있습니다.

하나님과 함께하는 인생의 겨울은 쇠퇴와 후회의 시간이
아닙니다. 여유와 감사와 새로운 기대 가운데서 맞이하는
축복의 계절이 될 수 있습니다. 지나온 모든 삶이 하나님
의 은총과 은혜로 이루어진 선물이었다는 것을 고백하고,
이것을 후손들에게 전해 줄 수 있습니다. 무엇이 참된 삶
의 가치인지를 비로소 깨닫게 되는 시기입니다. 이 현실에
서 생을 마감하는 죽음도 참된 기쁨과 새로운 소망을 가지
고 준비할 수 있는 은총의 시간입니다.

노년기에 찾아오는 정신적인 변화가 있습니다. 노년기에
는 시간이 점점 줄어드는 자산처럼 경험됩니다. 생리학적
인 메커니즘에 따라 그 속도가 빨라집니다. 노년기를 맞
이한 사람에게 그의 앞에 남은 시간은 더욱 짧게 느껴집니
다. 설령 앞으로 20년이 남았다고 하더라도, 그 시간이 젊

은이에게는 한없이 긴 시간인데도 노년기에 있는 사람에게는 짧게 느껴집니다. 그리고 그동안 배우고 익히고 일하면서 성취한 것들은 점점 그 가치를 잃어 가게 됩니다. 노년에 중요한 것은 모아 놓은 재산, 명예가 아닙니다. 중요한 것은 지금 어떤 사람인가 하는 것입니다. 자신이 쓸모없는 인간이라는 느낌이 노년의 삶을 가장 어렵게 합니다.

노년기에 여태 살아온 과거를 경멸하지 말고, 오히려 과거로부터 값진 교훈을 찾아내야 합니다. 과거에서 멀어질수록 그 가치를 더해 가는 교훈을 찾아내야 합니다. 시편 92편의 시인은 자기 인생을 돌아보며 "인생에 무엇이 가치 있는가?"라는 수수께끼를 풀게 됩니다. 시인은 그러한 교훈과 지혜를 주님이 행하신 일, 즉 주님의 '의'를 읊조리는 데서 찾게 되었습니다.

노년에 자연적인 현상으로 찾아오는 육체적인 변화, 정신적인 변화는 하나님으로부터 버림받은 증거가 아닙니다. 인간은 자연의 일부이기 때문에 노년기에 찾아오는 현상들을 피할 수 없습니다. 그럼에도 불구하고 하나님과 함께하는 삶에서 영적으로 젊은 시절보다 더 충만한 생을 살아갈 수 있습니다. 자연계의 질서로는 생의 겨울을 살지만, 하나님과 사귐에서는 생의 봄을 살아갈 수 있습니다. 이것이 신앙의 신비입니다. 하나님의 은총은 모든 생의 계절을 초월해서 비파와 수금으로 그분을 찬양하며 그분의 의를 전하며 살아가게 합니다.

그리고 인생의 노년기는 많은 경험을 재산으로 축적하고 있는 계절이기도 합니다. 그래서 옛 히브리 사람들은 인생의 노년기를 '많은 학위를 가지고 있는 매우 값진 시기'라 했습니다. 인간은 단순히 생물학적 번식을 목적으로 하는 동물이 아니고, 삶을 총체적이며 통합적으로 이루어 가야 할 영적, 정신적, 육체적 존재이므로, 노년은 총체적이며 통합적인 삶을 이루어 갈 시기입니다. 자연적 질서의 관점에서 노년은 열매가 익는 시기입니다. 어떤 열매든 익지 않으면 그 본연의 목적을 달성할 수 없습니다. 삶도 마찬가지입니다. 인간은 나이가 들면서 점점 인생이 무엇인가를 알게 되고 삶의 지혜를 축적하게 됩니다.

미국의 노인정신의학박사 마크 아그로닌(Marc E. Agronin)은 《노인은 없다》(한스미디어, 2019)에서 노년의 의미를 매우 긍정적으로 서술하고 있습니다. 노년은 우리 각자의 미래입니다. 우리는 노년에 단순히 생존하는 것만으로 만족할 것인지 각자 질문해 보아야 합니다. 이 물음에 답을 얻어야 노년에 찾아오는 생리적, 정신적 변화와 무의미와 공허, 인지 장애나 질병이란 장애물을 넘어설 수 있으며, 노년이라는 시간을 죽이지 않고 살아갈 수 있습니다.

노년에는 새로운 삶의 방식과 재창조의 삶을 찾아내야 합니다. "그렇지 않으면 편하고 익숙한 노인 갱년기의 길로 침잠해서 시간 속에 멈춰 버리고 제한받는 생활을 해야 할지 모릅니다"(앞의 책, 199쪽). 이 위기를 극복하기 위해서 우리는 '나는 있는 그대로의 모습으로 살아갈 것이다'라는 결심을 하면서 세 가지 질문을 해 봐야 합니다.

"나는 어떤 사람이었는가? 나는 과거에 무엇을 배우고, 성취하고, 경험했는가? 나의 가장 중요한 능력과 경험은 무엇인가? 이런 질문의 답은 '지혜의 비축분'을 드러낸다.

나는 어떤 사람인가? 내 시간을 어떤 활동에 가장 많이 쓰며, 누구와 가장 많이 보내는가? 현재 어떤 활동을 하고 있으며, 무엇에 관심과 열정을 가지고 있는가? 이런 질문의 답은 '삶의 목적'을 알려 준다.

나는 어떤 사람이 될 것인가? 나는 앞으로 무엇을 하고, 보고, 경험하고 싶은가? 내 시간을 누구와 함께 보내고 싶은가? 남들에게 무엇을 남기고 싶은가? 이런 질문의 답은 스스로의 모습을 바꾸고 '재창조할 방법'을 알려 준다"(앞의 책, 232-233쪽).

마크 아그로닌이 노년을 살아가는 사람들에게 주는 소중한 지혜가 있습니다. "나이가 우리를 규정하는 수단이 되거나, 우리의 삶을 제한하고 부정적인 영향을 끼치는 요인으로만 작용해서는 안 된다. 우리는 나이 드는 것을 스스로 무엇보다 가치 있게 여겨야 한다. 그리고 나이 드는 것을 축하해야 한다. 그렇게 함으로써 우리는 우리를 옭아매는 세상의 낡은 방식들을 초월할 수 있다. 그리고 그렇게 될 때, 평생에 걸쳐 탐색하고 성취해 왔던 것들을 비

로소 재미있는(소중한) 것으로 여길 수 있을 것이다"(앞의 책,
29쪽).

"나이 듦은 우리가 삶에서 성취하는 가장 의미 깊은 일 중
하나이다. 나이 듦은 세대와 세대를 연결하고, 문화와 역
사가 흘러갈 수 있게 한다. 또 우리는 나이가 들면서 각자
가 만들어 온 노년의 문화의 놀라운 힘을 완전히 수용할
수 있게 된다. … 그 존재만으로도 건강, 안정, 성장을 도
모하는 사실을 이해하게 된다"(앞의 책, 301쪽).

마크 아그로닌은 "나는 할아버지에게 받은 물건(가방, 할아버
지가 쓰던 의학 서적, 낡은 청진기, 그리고 그의 책상에 있는 모든 것) 때문
에 지금의 내가 된 것이 아니라, 할아버지와 시간을 보내
는 동안 할아버지가 세월이 흐르며 얻은 지식, 지혜, 성품
을 흡수할 수 있었기 때문에 지금의 내가 될 수 있었다. 나
는 그가 남긴 중요한 유산의 일부이며, 내가 의사가 되어
해 온 모든 좋은 일도 마찬가지로 그의 유산이다"(307쪽)라
고 했습니다.

우리가 사랑하고 존경하는 사도 바울의 고백에서도 우리는 왜 우리에게 허락된 생의 여정을 살아 내야 하는지 그 비밀을 알게 됩니다. "나는 선한 싸움을 다 싸우고, 달려갈 길을 마치고, 믿음을 지켰습니다. 이제는 나를 위하여 의의 면류관이 마련되어 있으므로, 의로운 재판장이신 주님께서 그날에 그것을 나에게 주실 것이며, 나에게만이 아니라 주님께서 나타나시기를 사모하는 모든 사람에게도 주실 것입니다"(딤후 4:7-8, 새번역).

시편 92편 14절에서 시인은 말합니다. "그는 늙어도 여전히 결실하며 진액이 풍족하고 빛이 청청하니." 2500여 년 전에 이 시를 썼던 시인의 삶에 대한 통찰력과 긍정적인 자세는 그토록 긴 세월이 지난 지금도 우리에게 놀라움을 전해 줍니다. 당시에는 노년을 맞이하는 경우가 드물었으며, 그렇더라도 평탄하지 못했을 시대에 지은 시이기 때문입니다. 질병, 부상, 상실이 임박했을 때 어떤 일을 겪게 될지 비관하기보다, 나이가 들면서 무엇을 할 수 있는지에 대해 사람들을 깨우치고 감화시키려고 했던 시인에게 우리 모두 감사의 말을 전해야 합니다.

우리 날 계수함을
가르치소서

시 90:1-17

이스라엘 백성은 오랜 기간 강대국의 통치 아래서 생의 덧없음을 경험했습니다. 그러한 경험으로 그들은 덧없는 생에서 바르게 살아갈 수 있는 지혜를 깨달았습니다. 그때부터 이스라엘은 금식일이나 어려움을 겪을 때에 기도문으로 시편 90편을 사용하곤 했습니다. 12절 "우리에게 우리 날 계수함을 가르치사"라는 말씀은 생의 연한을 가리키는 것이 아니라, "제대로 사는 법, 지혜롭게 사는 법을 가르쳐 주소서"라는 뜻입니다.

3부

이스라엘은 강대국의 지배 아래서 자유민이 아닌 노예의 신분으로 살아갔습니다. 그리고 그러한 삶에서 하나님의 영원하심과 인생의 덧없음을 맛보는 한편, 덧없는 생임에도 불구하고 하나님이 그들의 역사에 개입하실 때 새로운 삶을 시작할 수 있다는 사실을 깨닫게 되었습니다.

이 시는 영원한 존재이신 주님 앞에서 인간은 덧없는 인생을 살다가 끝맺는 매우 보잘것없는 존재라는 사실을 말합니다. 그러나 인간이 하찮은 존재임에도 덧없는 인생이 아닌 삶을 살도록 지으심을 받았다는 사실을 말해 줍니다. 그러한 믿음과 희망에서 이스라엘은 새로운 역사, 새로운 삶을 시작하려고 합니다. 그런데 그 길이 자신들에게 있지 않고 주님께 있다는 사실을 알고 있기에 주님께 "우리에게 우리의 날을 세는 법을 가르쳐 주소서"라고 간구합니다.

덧없음의 경험에는 부정적인 것과 긍정적인 것이 다 있습니다. 부정적인 것은 삶의 권태, 무의미, 게으름, 무기력, 허무의 경험입니다. 이러한 부정적인 경험은 시간을 죽이면서 살아가게 합니다. 텔레비전 채널을 이리저리 돌리면

서 시간을 죽이고, 자신의 시간을 헛된 일로 꽉꽉 채우면
서 시간을 죽이고, 잡담을 하면서 시간을 죽이고, 무료함
을 잊기 위해 술, 도박, 섹스로 시간을 보내다 중독에 빠지
기도 합니다. 이러한 경험은 창조의 아름다움, 교제의 아
름다움, 노동의 아름다움, 자연의 아름다움을 보고 느끼지
못하고 살아가게 만듭니다. 더한 고통은 삶의 즐거움이 없
는 것입니다. 이러한 현상은 인간을 영적으로, 정신적으로
병들게 하고, 나중에는 육체적으로까지 병들게 합니다.

한편, 덧없음에는 '동경'이 숨겨져 있어 긍정적인 면을 만
나게 합니다. 그 동경은 생명의 원천과 새로운 삶에 대한
그리움과 목마름입니다. 우리가 덧없음에서 동경과 만나
서 그 동경이 지향하는 곳으로 새로운 여정을 시작하면 생
명의 원천을 만나고, 그렇게 생의 덧없음을 졸업하게 됩니
다. 우리가 동경의 세계로 향하게 될 때 현재의 생은 매우
사랑할 만하고 살 만한 생으로 느껴지기 시작합니다. 그리
고 일상에서 자연의 아름다움, 교제의 즐거움, 노동의 즐
거움, 삶의 새로운 맛을 경험하는 사랑을 배우게 됩니다.

시편 90편은 생의 덧없음의 경험에서 새로운 삶으로 나아가는 이스라엘 백성이 드리는 기도문입니다. 생의 덧없음에는 역사를 새롭게, 인생을 새롭게 시작할 수 있는 길이 숨겨져 있습니다. 아침에 아름다운 꽃을 피웠다가 저녁에 지는 들풀은 비록 덧없는 생이지만, 아름다운 꽃으로 창조주의 아름다움을 보여 줍니다. 우리 역시 덧없는 생임에도 각자의 몫을 하여 의미 있고 가치 있는 생으로 살도록 주님이 창조하셨다는 사실을 말해 주고 있습니다.

이 시의 후반에서 이스라엘 백성은 주님께 그들의 역사, 현재에 개입해 주시기를 요청합니다. 이스라엘은 오랜 기간 강대국의 억압과 굴욕 아래 하나님의 위로와 사랑에 매우 굶주려 있었습니다. 이 시 후반에 그 사실이 매우 사실적으로 묘사되어 있습니다(13-17절).

먹고 즐기고 서로 미워하고 시기하고 희망이 없는 덧없는 인생이 아닌, 기쁨, 감사, 찬양이 있고 다른 사람을 사랑하고 의와 공의를 실현하는 삶으로 변하는 기적이 있습니다. 그러한 기적은 덧없는 생이 영원한 주님께 속해 있다는 사

실을 깨닫게 될 때 일어나는 기적입니다. 창조주 하나님의
영이 우리를 깨어나게 하실 때 덧없는 생을 아름답게 살아
가게 됩니다.

우리의 생은 매우 덧없는 것이지만, 만물을 새롭게 하시는
우주의 교향곡을 지휘하시는 하나님의 연주 안에서 자기
본래의 고유한 역할을 수행할 때 덧없는 생의 의미와 가치
가 드러납니다. 그때에는 덧없음도 큰 문제가 되지 않습니
다. 짧은 한순간을 즐겁게 살아가다 영원의 시간에서 마치
게 됩니다. 자신의 인생의 한순간은 영원에서의 한 부분이
라는 사실로 만족할 수 있습니다. 우리의 덧없는 한순간의
생이 영원에 속해 있기 때문에 더 이상 허무하지 않습니
다. 우리는 피조물이기 때문에 영원할 수 없지만, 우리의
생은 영원에 잇대어 있습니다.

인간은 100세를 살든, 120세를 살든 영원하신 주님 앞에
서 흙으로 만들어진 존재로서 흙으로 돌아가며, 아침에 피
었다가 저녁에 시들어 버리는 꽃과 같으며, 밤의 한 경점
에 불과하며, 죄인이자 하나님의 긍휼과 인도 없이는 살

수 없는 존재입니다. 우리는 우리의 생의 목표를 장수에
두면 안 됩니다.

영원하신 하나님은 창조 이래 계속해서 만물을 새롭게 하
시는 장엄한 교향곡을 지휘하고 계십니다. 하나님의 백성
은 누구나 그 장엄한 연주에서 한 파트를 맡고 있습니다.
매우 짧은 생이지만, 우리의 생의 가치와 의미는 그 연주
에 참여하는 데 있습니다. 우리는 덧없음의 덫에 걸려 살
지 않고, 만물을 새롭게 하시는 주님의 교향곡 연주에서
한 파트의 연주자로 훌륭하게 연주를 하며 살다 마치는 데
에 생의 목표를 두어야 합니다. 이를 위해 세상과 다른 삶
의 방식, 지혜, 기술을 배워 가야 합니다. 열 가지 삶의 지
혜를 알려 드리겠습니다.

첫째, 나 자신과 화해의 삶을 배워 가는 것입니다. 다른 사
람과 비교하지 말고 나의 있는 그대로를 사랑하고 포용해
주어야 합니다. 자신을 있는 그대로 받아들이고 사랑할 때
에야 삶의 길을 발견하고 주님의 교향곡 연주에서 스스로
의 파트를 찾을 수 있습니다.

둘째, 일상의 삶을 즐기며 살아가는 것입니다. 예수님은 "내일 일을 걱정하지 말아라. 내일 걱정은 내일이 맡아서 할 것이다"(마 6:34, 새번역)라고 말씀하셨습니다. 절망은 과거와 미래에 대해 부정적으로 생각할 때 찾아옵니다. 걱정과 절망 속에서는 현재를 살 수 없습니다.

셋째, 현재 자기가 하는 일에 의미와 가치를 부여하는 것입니다. 진정한 자기 자신으로 살아가면서 일상을 살아가는 사람은 어떤 일을 하더라도 의미 있게 하며, 함께 일하는 동료들에게도 의미와 기쁨을 전합니다. 삶의 의미를 독점하려 하지 않습니다.

넷째, 다른 사람과 깊이 있는 우정을 쌓는 것입니다. 진정한 우정은 자신을 있는 그대로 드러내 보이면서 신실함과 가식 없는 나눔, 격려, 위로에서 맺어집니다. 다른 사람과 화해의 삶을 살지 못하는 사람은 자신과도 불화 가운데 살며 어떤 것에도 만족하지 못합니다.

다섯째, 자유인으로 살아가는 삶을 배워 가는 것입니다.

항상 은밀한 가운데 계시는 하나님 앞에서 살아가는 훈련입니다.

여섯째, 사랑을 실천하는 것입니다. 다른 사람을 진심으로 용서하며, 부족한 점을 이야깃거리로 삼지 않고, 돕고 격려할 줄 알아야 합니다. 다른 사람을 심판하거나 판단하지 말고, 일으켜 세우고, 삶을 깨우고, 축복해 주는 삶의 방식을 배워야 합니다.

일곱째, 생의 고난, 실패, 장애물을 더 나은 생으로 도약하는 디딤돌로 삼는 것입니다. 이를 위해서는 먼저 현실을 받아들이는 법을 배워야 합니다. 위기를 기회로, 상처를 진주로 만들려면 노화와 죽음, 변화를 받아들이는 것이 먼저입니다.

여덟째, 나 자신이 되어 가는 과정에 있다는 것을 받아들이는 것입니다. 우리는 현재를 단정하지 말고 미래를 향해 열어 놓아야 합니다. 언제나 나는 하나님의 길들임 가운데 있다는 사실을 인정하고 성령의 인도하심에 자신을 위탁하고 순종하는 삶을 배워 가야 합니다.

아홉째, 하나님 중심의 올바른 우선순위를 갖는 것입니다.
하나님의 백성인 우리 생의 우선순위는 하나님의 나라와
그분의 의를 구하는 일이 되어야 합니다. 그래야 덧없는
인생을 살지 않게 됩니다.

열째, 주님의 기도로 우리 소망을 삼는 것입니다. 우리의
소원과 희망은 주님이 가르쳐 주신 기도가 되어야 합니다.
하나님의 교향곡의 스토리가 주기도입니다.

이 열 가지는 하나님의 연주에 참여한 우리가 항상 숙지
하고 지켜야 할 연주자의 삶의 지혜이며, 동시에 기술입니
다. 그러한 삶에 하나님 나라의 현재가 있고, 하나님 나라
가 임합니다.

노년에 나를
버리지 마소서

시 71:1-12

노년기를 맞이한 시인은 하나님께 노년을 맞이한 '늙고 쇠약한' 자신을 버리지 말아 달라고 기도합니다. "늙을 때에 나를 버리지 마시며 내 힘이 쇠약할 때에 나를 떠나지 마소서"(시 71:9). 이러한 기도는 시인이 노년에 와서 아직도 성취하지 못한 일들을 앞두고 있거나 다가오는 죽음에 대한 두려움 때문이 아닌가라는 질문을 갖게 합니다.

그러나 시인이 이런 기도를 하게 된 이유는 그 때문이 아닙니다. 시인은 노년에 하나님의 구원의 현실에서 살기를 사모했기 때문에 이러한 기도를 하게 된 것입니다. 시인은 노년에 하나님의 구원의 현실을 소유하지 않으면 노년에 찾아오는 부정적인 삶을 극복할 수 없음을 너무 잘 알고 있었습니다.

시인에게 하나님의 구원의 현실이란 하나님과 사귐 가운데서 조상으로부터 전수받은 하나님의 구원의 사건을 묵상하며, 묵상에서 하나님을 만나며, 그 구원의 사건을 젊은이들에게 전하고 가르치며, 뿐만 아니라 구원의 하나님을 비파와 수금으로 찬양하는 삶입니다. 이러한 삶은 시인에게 삶의 이유이며 의미이자 목적이기도 했습니다.

시인은 노년기에 들어서면서 생의 전(前) 단계, 즉 유아기, 청년기, 중년기에 느끼지 못했던 것들을 경험하게 됩니다. 노년기에 들어서서 시인은 생리적으로 상당한 변화를 경험하게 됩니다. 예를 들면, 노년기에 들어서서 삶의 새로운 전망이 열리지 않고, 기력이 쇠해지면서 눈이 잘 보이지 않고, 잘 들리지 않고, 높은 곳에 오를 때 숨이 가쁘고, 잠자는 시간이 짧아집니다. 거기에 더해 어떤 질병인지 본문에 밝혀져 있지는 않지만 질병이 겹쳤습니다.

노년기에 들어선 시인은 자신이 "힘이 쇠약"(시 71:9)하며,
"무리에게 이상한 징조같이"(시 71:7) 되었다고 말합니다.
여기서 '이상한 징조'란 시인이 당면한 노년의 상태가 다른
사람들이 보기에 정상이 아니라는 말입니다. 이 말은 노쇠
함과 질병으로 약해진 상태를 다 포함하고 있습니다.

예전에 시인의 삶을 부러움, 시기, 질투로 바라보던 친구
들은 어느새 원수로 변해 시인을 조롱하며 비난합니다.
시인의 삶을 죽 지켜봐 오던 불경스러운 사람들에게는 시
인이 죄를 지었기 때문에 하나님이 그를 버리셨다고 모함
할 수 있는 기회를 잡았습니다. 시인의 원수들이 그를 바
라보는 태도는 이렇습니다. "내 원수들이 내게 대하여 말
하며 내 영혼을 엿보는 자들이 서로 꾀하여 이르기를 하
나님이 그를 버리셨은즉 따라 잡으라 건질 자가 없다 하오
니"(시 71:10-11).

노년에 매우 쇠약한 상태에 처한 시인은 지나온 날을 회상

하며 하나님께 기도합니다. "주 여호와여 주는 나의 소망이시요 내가 어릴 때부터 신뢰한 이시라 내가 모태에서부터 주를 의지하였으며 나의 어머니의 배에서부터 주께서 나를 택하셨사오니 나는 항상 주를 찬송하리이다"(시 71:5-6).

시인에게는 현재 자신에게 찾아온 노년의 쇠약함이나 육체적 질병에서 구원받기보다 간절한 것이 있었습니다. 그는 현재 처한 상황, 즉 원수들의 모함과 그에서 비롯되는 정신적 외로움, 심적 고통, 회의, 미래의 닫힘이 하나님이 그를 버리신 증거가 아니며, 아직도 하나님이 예전과 같이 그와 함께 계신다는 것을 확인하고 싶었습니다. 시인의 그러한 심정이 다음의 기도에 나타나 있습니다. "하나님이여 나를 멀리하지 마소서 나의 하나님이여 속히 나를 도우소서 내 영혼을 대적하는 자들이 수치와 멸망을 당하게 하시며 나를 모해하려 하는 자들에게는 욕과 수욕이 덮이게 하소서"(시 71:12-13).

시인이 그의 평생 변함없이 수행해 오던 삶의 과제가 있었는데, 그의 조상 때부터 하나님이 행하신 의로우신 일

들을 다른 사람들에게 전파하며 가르쳐 온 것입니다. 이
것은 시인의 사명이기도 했습니다. 시인은 하나님이 그의
기도를 들으시고 그를 구원해 주시면, 그 구원의 사건을
지금까지 가르쳐 온 거기에 더 첨가해서 젊은이들에게 가
르치겠다고 서약합니다. "하나님이여 나를 어려서부터 교
훈하셨으므로 내가 지금까지 주의 기이한 일들을 전하였나
이다 하나님이여 내가 늙어 백발이 될 때에도 나를 버리지
마시며 내가 주의 힘을 후대에 전하고 주의 능력을 장래의
모든 사람에게 전하기까지 나를 버리지 마소서"(시 71:17-18).

노년기에서 청년기로 돌아가거나 질병에서 벗어나는 기적
은 일어나지 않았지만, 시인은 그가 평생 신뢰해 오던 하
나님의 놀라운 은총을 경험하게 됩니다: 시인은 하나님의
손안에 있는 그의 노년의 삶이 현재 그가 어두운 감정에서
경험하고 있는 현실이 아니라는 것을 알게 됩니다. 시인은
그가 지금까지 섬겨 온 하나님의 손안에 있는 현재와 미래
는 하나님의 영광 가운데 있는 매우 아름다운 것이라는 사
실을 내다보게 됩니다. 시인은 그의 생의 마지막이 음산한
스올이 아니며, 새로운 생명으로 살아나는 것임을 확신하

게 됩니다. "우리에게 여러 가지 심한 고난을 보이신 주께서 우리를 다시 살리시며 땅 깊은 곳에서 다시 이끌어 올리시리이다 나를 더욱 창대하게 하시고 돌이키사 나를 위로하소서"(시 71:20-21).

시인이 이러한 새로운 현실을 볼 수 있게 된 것은 하나님의 말씀을 묵상하는 가운데서 깨닫게 된 하나님의 은혜였습니다. 시인은 그러한 현실과 미래를 바라보면서 하나님께 진심 어린 마음으로 서원 기도를 드립니다. "나의 하나님이여 내가 또 비파로 주를 찬양하며 주의 성실을 찬양하리이다 이스라엘의 거룩하신 주여 내가 수금으로 주를 찬양하리이다 내가 주를 찬양할 때에 나의 입술이 기뻐 외치며 주께서 속량하신 내 영혼이 즐거워하리이다"(시 71:22-23). 하나님의 은혜는 노년에 쇠약해지고 질병이 겹친 시인을 다시 구원의 하나님을 찬양할 수 있는 삶으로 일으켜 세웠습니다.

하나님의 은혜는 생의 계절마다 각각 다른 삶의 원천으로 경험됩니다. 유아기에는 어린 생명이 잘 성장할 수 있는 양육의 손길로, 젊은 시절에는 역경과 고난, 생의 온갖 도전에도 생을 포기하지 않고 살아갈 수 있는 희망의 원천으로, 중년기에는 자신의 삶의 의미를 새롭게 발견해 삶의 방향을 내면화시키는 삶의 새로운 수로로, 노년기에는 허무, 외로움, 다가오는 죽음의 시간을 내다보며 새로운 부활의 신앙으로 노년의 부정적인 생각과 느낌에 사로잡히지 않고 하나님을 찬양하며 살아가게 만드는 은혜의 샘으로 경험됩니다.

인간은 하나님의 뜻에 따라 자연계에 속한 존재이므로 아무리 심오한 영적 체험을 한다 하더라도 자연의 상태에서 벗어날 수 없습니다. 천지 창조의 기사에서도 인간은 특별하게 창조된 피조물이므로 동물과는 구별된 존재가 되었습니다. 그렇지만 인간의 창조 역시 자연 전체의 창조에 속합니다. 인간이 아무리 많은 지식을 쌓고 담대한 믿음을 가졌다고 해도 인간은 자연에서 벗어날 수 없습니다.

인간은 누구나 자연의 질서와 법칙에 따라 본인이 원하든 원치 않든 생의 변화가 불가피합니다. 자연계에 봄, 여름,

가을, 겨울의 변화와 함께 모든 생명을 가진 피조물들이 변화하는 것과 같이, 인간도 각 생의 계절을 통해 자신도 느끼지 못할 정도로 변화를 경험하게 됩니다. 그러한 변화 가운데서 하나님을 신뢰하는 사람들은 영적인 변화를 아울러 경험하게 됩니다.

이러한 생의 변화 가운데서 하나님께는 생의 어느 한 계절이 더 중요하고, 덜 중요하지 않습니다. 하나님께는 인간의 전생이 다 소중합니다. 그래서 하나님은 생의 변화와 아울러 생의 각 계절을 놓치지 않고 바르게 향유하도록 성령으로 우리를 도우십니다. 시인이 말했듯 "시냇가에 심은 나무가 철을 따라 열매를 맺으며 그 잎사귀가 마르지 아니함"(시 1:3)같이 하나님은 생의 진정한 변화를 도우십니다.

"노년에 나를 버리지 마소서"라는 기도는 인생에서 가장 소중한 것이 무엇인지를 경험적으로 알고 살아온 사람만이 할 수 있는 기도입니다. 즉 하나님을 자신의 반석, 요새, 피난처, 구원으로 삼고 살아온 사람이라야 이러한 기도를 할 수 있습니다.

인간의 생애에서 가장 소중한 것을 깨달은 사람은 질병의 선고를 받고 얼마 남지 않은 생의 시간에서 "하나님, 나를 버리지 마소서"라고 기도하게 됩니다. 그에게는 질병보다 하나님으로부터 버림받는 것이 무서운 것입니다. 사업에 실패한 사람이 깊은 절망 가운데서 "하나님, 실패한 나를 버리지 마소서"라고 기도합니다. 전쟁터에 나가서 맹렬한 전투에 임하는 젊은이가 인생에 가장 소중한 것이 무엇인가를 알고 있을 때 "하나님, 나를 버리지 마소서. 우리 국가와 민족을 버리지 마소서"라고 기도합니다.

이러한 기도를 할 수 있는 사람들에게는 실패에서 소유와 명예를, 전쟁에서 목숨을 잃어버리는 것이 두려운 것이 아닙니다. 그들에게 가장 두려운 것은 하나님으로부터 버림받는 것입니다. 그러한 사람들에게 가장 소중한 것은 "어떤 상황에서도 내가 너와 함께할 것이다"라는 하나님의 약속입니다. 이 하나님의 약속을 믿으며 우리는 매우 어렵고 힘든 상황에서 "오 하나님! 지금의 상황에서 나를 버리지 마소서"라고 기도할 수 있습니다.

은혜의
자리

지나온 삶을 뒤돌아보며 잔잔한 감동 가운데서 읽을 수 있는 책 한 권을 소개합니다. 호주 여성 브로니 웨어(Bronnie Ware)가 간병인으로서 말기 환자를 돌보면서 삶 속에서 관찰하고 경험한 것을 감동적인 이야기로 엮어 낸 책입니다. 이 책의 원제목은 《The Top Five Regrets of the Dying》, 우리말로 번역하면 "죽을 때 가장 후회하는 5가지"라는 의미입니다.

이 책은 인간의 강인함과 연약함을 잘 묘사하는 동시에,

삶에 대한 긍정적인 영감을 불러일으키는 메시지를 담고 있습니다. 저자가 자신의 지나온 삶을 돌아보며 이야기 형식으로 쓴 회고록이기도 합니다. 그래서 번역본 제목은 《내가 원하는 삶을 살았더라면》(피플트리, 2013)입니다. 저자는 말기 환자들과 지내면서 생의 마지막 자리에서 그들이 공통적으로 후회하는 것을 다섯 가지로 요약합니다.

첫째, "다른 사람이 아닌, 내가 원하는 삶을 살았더라면"입니다. 다른 사람과는 달리 말기 환자들은 자기 자신에게 솔직한 인생을 살지 않았던 것에 대한 후회가 깊습니다. 자신은 아주 대단한 삶을 살고 싶어 하지도 않았고, 좋은 사람이었고, 누구에게도 해를 끼치지 않고 살았다고 생각하는데도 불구하고 돌이켜 보면 자신을 위해 하고 싶었던 일들을 하지 못했고, 그럴 용기가 없었다는 것을 후회합니다.

둘째, "내가 그렇게 열심히 일하지 않았더라면"입니다. 생의 말기에서 지나온 삶을 돌이켜 보면 확실히 내가 일을 너무 좋아했고, 사회적인 지위를 누리는 것도 좋아했습니다. 하지만 이제 그게 무슨 소용인지 모르겠고, 정말로 내가 삶을 헤쳐 갈 수 있게 해 준 것들에는 정작 시간을 많이 쓰지 못했음을 후회하게 됩니다. 더 나은 삶을 바라는 것이 잘못된 것은 아닙니다. 문제는 업적과 소유물을 통해 알려지고 싶은 욕구가 우리가 사랑하는 이들과 시간을 보내고 우리의 마음이 원하는 것을 하지 못하게 방해한다는 것입니다.

셋째, "내 감정을 표현할 용기가 있었더라면"입니다. 저자는 요제프라는 환자가 감정을 드러내지 못하고 비통해하는 것을 보면서 이러한 다짐을 합니다. "나는 항상 내 감정을 다른 사람들과 함께 나누기 위해 용기를 내야겠다고 생각했다. 나는 개인적인 사생활의 벽들을 서서히 무너뜨렸다. 그리고 우리가 왜 마음을 열고 솔직해지는 것을 두려워하는지 궁리해 보았다. 그것은 솔직함에서 비롯되는 고통을 피하기 위해서이다. 하지만 우리가 만든 그러한 벽들도 고통을 만든다. 다른 사람들이 우리가 진정 누군지 알지 못하게 하기 때문이다"(앞의 책, 118쪽).

넷째, "친구들과 계속 연락하고 지냈더라면"입니다. 저자는 이렇게 말합니다. "전 세계의 요양원에는 아름다운 영혼을 지녔으나 너무나 외로운 노인들이 수천 명에 이른다. 요양원에 삶이 갇힌 수많은 젊은 사람들도 있다. 일주일에 단 몇 시간만이라도 누군가 이 사람들을 찾아가 마음을 열고 친구가 되어 주면, 그들의 마지막 삶에 중요한 영향을 끼칠 수 있다"(앞의 책, 171-172쪽).

다섯째, "나 자신에게 더 많은 행복을 허락했더라면"입니다. 무엇이든 목적을 갖고 세상에 기여하기 위해 노력하는 것은 중요합니다. 하지만 최후의 결과에 따른 행복만 추구하는 것은 올바른 길이 아닙니다. 매일매일 살아 있는 것에 감사하고 현재의 행복을 즐기고 인정해야 하며, 일의 결과가 나온 뒤나 은퇴하고 나서 또는 무언가를 해 내고 난 후가 아니라, 바로 지금이 더 중요합니다.

사람은 누구도 후회 없는 삶을 살 수는 없습니다. 아무리 도덕적으로 완전하게 살았더라도, 아무리 타인을 위한 헌신의 생을 살았더라도, 스스로 자부할 만큼 자아를 실현하는 일에 탁월했더라도, 다른 사람보다 돈을 많이 벌었더라도, 사회적으로 성공한 삶을 살았더라도, 건강 관리를 잘해서 장수했더라도, 다른 사람과 비교되지 않는 훌륭한 업적을 남겼더라도, 평생 자기가 하고 싶은 일만을 하면서 살아왔더라도 후회는 있습니다.

우리가 후회 없는 생을 살고자 할 때 그 표준과 가치를 어디에 두어야 할까요? 이 물음에 대한 해답을 찾으면 어느 정도 후회를 줄일 수는 있습니다. 흔히들 후회 없는 생을 실수가 없는 삶이라고 단정하기도 하지만, 이것은 매우 잘못된 생각입니다. 우리는 현실에서 사는 동안 실수하는 것이나 생의 온갖 도전을 피할 수 없습니다. 도리어 우리는 실수와 도전 앞에서 자신을 용납하고, 진실 앞에 겸손히 무릎을 꿇고, 그것을 더 나은 나로 성숙되어 가는 디딤돌로 삼는 지혜를 터득해야 합니다.

후회 없는 삶은 불가능합니다. 하지만 후회를 통해 삶을 수정해 더 나은 삶으로 나아갈 수 없는 중증의 환자에게도 희망의 문은 열려 있습니다. 바로 모든 후회를 떨쳐 버리고 새로운 차원의 삶으로 들어가는 것입니다. 그러한 희망 찬 복음의 메시지가 로마서 5장 1-5절에 담겨 있습니다.

후회는 우리가 진정 머물고자 했던 그곳에 있지 못했을 때 생깁니다. 우리는 우리가 진정 있어야 할 그곳이 어디인지 도 모르기 때문에 엉뚱한 곳에 있을 자리를 마련해 보려고 노력과 시간을 바치게 됩니다. 진정한 행복은 진정 자신이 있어야 할 곳을 알고 그곳에 머물 때 느끼는 경험입니다. 우리는 어떤 사유에서든 생의 끝자락에 서서야 비로소 소 홀히 하고 무시했던 그 자리를 그리워하게 됩니다.

의외로 그 자리는 다른 사람에게 인정받고 칭찬받으며 산 자리도 아니며, 불철주야 달려서 도달했던 성공의 자리도 아니며, 업적을 쌓은 자리도 아니며, 나름대로 벽을 높이 쌓고 숨어 있던 곳도 아닙니다. 생의 끝자락에 섰을 때 심 히 그리워지는 그곳은 내가 나로서 있었어야 할 그 자리, 사랑하는 사람과 함께하지 못한 그 자리, 자기가 진정 자 기를 드러내지 못했던 자리, 순간순간 아름다움을 누리지 못하고 그냥 지나쳐 버린 일상들입니다.

하지만 생의 끝자락에서 돌이켜 보며 그리워하는 이러한 곳들은 진정 우리가 있고자 했던 곳에 대한, 보다 깊이 숨어 있는 곳에 대한 그리움입니다. 그곳은 하나님의 사랑과 용서의 손이 나를 어루만지는 자리, 내가 나를 소외시키지 않고 나 자신을 있는 그대로 사랑하는 자리, 이웃과 마음을 열고 진정 삶을 나누는 자리, 순간순간 자연의 아름다움을 느끼며 감사와 찬양이 있는 곳입니다. 하나님이 우리를 위해 하고자 하셨던 일이 바로 우리를 그곳에 세워 주시는 일이었습니다.

세상과 인간을 극진히 사랑하시는 하나님은 예수 그리스도를 통해서 바로 그 길을 마련하셨습니다. 예수 그리스도 안에 그 길이 열려 있습니다. 하나님을 향해 우리의 문을 활짝 열어젖히는 순간, 우리는 그분이 이미 우리를 향해 문을 활짝 열어 놓고 계셨음을 발견하게 됩니다. 그리고 그 순간, 우리가 늘 있고자 원했던 그곳에 마침내 우리가 서 있음을 알게 됩니다. 그때 우리는 하나님의 은혜와 영광을 그 넓고 탁 트인 공간에서, 고개를 들고 서서 소리 높여 찬양으로 화답하는 우리 자신을 발견하게 됩니다.

중증의 환자들이 찾고 있는 곳, 사람들이 찾고 있는 곳이 바로 거기입니다. 결과와 성공만을 삶의 목적으로 삼고 살 때, 생의 끝자락에 와서야 그곳에 머물지 못한 것을 후회하게 됩니다. 말기 환자들은 자신들이 진작 그곳에 들어서지 못한 것에 대해 깊이 후회했습니다. 평소에 그곳에 머물렀다면 마지막 순간이 덜 어려울 것입니다. 그들은 그들을 감싸 줄 따뜻한 사랑의 손이 그리웠습니다. 그들에게는 자신들이 소외시킨 내면의 아이의 울음소리가 들렸습니다.

하나님이 창조하신 이 우주에는 하나님 스스로 그분의 자유 가운데서 마련하신 그곳이 있습니다. 로마서 5장 1-5절에는 그곳이 '은혜의 자리'(새번역)로 묘사되어 있습니다. 하나님이 모든 사람을 그 자리로 초청하십니다. 그 자리는 새로운 삶을 시작할 수 있는 자리입니다. 그 자리에서는 시간적으로 돌이킬 수 없는 생의 끝자락에 서 있는 사람도 상실한 것, 실수한 것을 보상받을 수 있습니다. 그 자리에서는 다른 사람이 아닌 나 자신으로 삶을 새롭게 시작할 수 있습니다. 그 자리에서는 나 자신을 있는 그대로 드러낼 수 있습니다. 오히려 그렇지 못할 때 매우 불편하고 고통스럽습니다. 그 자리에서는 자신의 감정을 숨기지 않고 그대로 표현할 수 있습니다. 그 자리는 서로서로 위로를 나눌 수 있는 곳입니다.

영적 여정에서 배운 교훈들

벧후 3:8-13

그리스도인은 영적 순례의 길을 걸어가는 순례자입니다. 일반적으로 인생, 특히 영적인 삶에 대한 최고의 비유는 바로 여행입니다. 《천로역정》이나 성경처럼 잘 알려진 기독교 문헌들에는 이것에 대한 상상과 묘사가 가득합니다. 우리는 탐험, 항해, 방랑, 여행, 순례를 하는 여행자들입니다. 우리는 이러한 신앙의 여정에서 그리스도와 함께 영원한 본향을 향하지만, 이 길을 가는 중에 영적인 삶이 단지 좋은 여건이나 기술과 정보만 있으면 얻어질 수 있는 것이 아니라는 사실을 깨닫게 해 줄 교훈이 필요합니다.

앞으로 우리의 여정이 얼마나 남아 있는지 잘 모릅니다. 그러나 우리가 가고 있는 여정에서 한 해, 한 해는 매우 소중하고 그리스도 안에서 결코 헛되지 않습니다. 그리스도와 함께하는 이 여정 가운데 우리는 순례자로서 불확실성과 실패, 좌절, 예기치 않은 선물, 그리고 기쁨을 받아들이는 것을 배웁니다.

우리는 그리스도와 함께 인생의 현재 시점에까지 왔습니다. 여기까지 오는 과정에서 우리가 배운 교훈들, 즉 깨달음이 있었습니다. 그러한 것들이 있었기에 이 여정이 헛되지 않았습니다. 돈으로 계산할 수 없는 소중한 보화이며, 그것들은 우리의 존재 방식에 변화를 가져왔습니다. 이 여정에서 우리의 관점과 존재 방식을 바꾸어 놓은 교훈은 어떤 것들이었습니까?

첫째, 영성은 단번에 이루어지는 것이 아닙니다. 영성 형성은 점진적인 것으로, 하나님의 목적에 맞는 작은 선택들을 여러 해 동안 계속하는 과정을 거치면서 이루어집니다. 그리고 우리가 순종과 불순종 사이에서 내리는 모든 결정은 그다음 결정을 가능하게 만듭니다. 영적 생활에서 소중한 가치를 지니는 순종, 인내, 용기, 지혜, 섬김, 겸손, 온유, 그리고 사랑과 같은 그리스도를 닮은 성품이 자라는 것은 결코 저절로 쉽게 이루어지지 않습니다.

둘째, 영성 형성 과정에서 하나님은 사람마다 다른 속도와 방법을 사용하십니다. 여기서 우리는 두 가지를 깨닫게 됩니다. 먼저 하나님은 우리의 유일성을 파괴하지 않으신다는 것입니다. 이데올로기 집단에서는 인간의 유일성을 무시하고 획일적인 로봇을 만들지만, 하나님은 그렇지 않으십니다. 하나님은 저마다의 유일성을 통해서 우리를 인도해 가십니다. 하나님의 영, 생명의 영이신 성령 안에는 사람마다 유일한 존재로 머물 수 있는 사랑과 자유가 있습니다.

다른 하나는 우리의 내적 생명은 성장의 원리에 의해 성숙하고 결실하므로 시간이 성장의 중요한 부분이 된다는 점입니다. 자연이 우리에게 가르침을 주듯, 영적 성장은 늘 균등하게 일어나지 않습니다. 포도 넝쿨이나 나무가 어느

한 달 동안 그해의 다른 달보다 더 많이 성장하는 것과 같이, 우리의 영적 성장 역시 어느 과정에서 다른 과정보다 더 많이 성장할 때가 있습니다. 우리가 이런 불균등한 발달 과정을 받아들이지 않는다면, 다음 과정에서 하나님의 은혜 가운데 이루어질 성장이나 은혜를 기다리지 못하고 하나님과 다른 사람에 대해서도 인내하지 못하게 됩니다.

셋째, 하나님의 시간은 우리에게는 고통스러울 만큼 느리게 느껴집니다. 하나님의 시간이 우리에게 느리게 느껴지는 것은 하나님 자신이 무능력한 분이시기 때문이 아닙니다. 우리의 존재 방식이 성공, 출세, 명예를 향해 쉼 없이 빠른 속도로 달려가기 때문입니다. 그러나 하나님의 뜻은 거기에 있지 않습니다.

하나님은 우리에게 언제 무엇이 진정으로 필요한지 아시기 때문에 적절한 시기에 우리에게 꼭 필요한 것을 주십니다. 그분이 우리에게 주시는 것은 세상적인 성공, 출세가 아니라 참된 삶의 지혜와 깨달음, 영원한 생명입니다. 우리의 지혜가 자랄수록 하나님만이 우리에게 언제 무엇이 필요한지를 아신다는 것을 깨닫게 되면 하나님의 과정에 더 인내하는 것을 배울 수 있습니다.

대학생 시절 군대에 입대하면서 나는 이런 생각을 했습니다. '나는 이미 2년을 휴학했고, 거기에 더해서 3년 동안 군 생활을 하면 다른 동년배보다 5년이나 뒤떨어지는 것이 아닌가?' 그러면서 초조함이 느껴졌습니다. 그런데 후에 깨달은 것은 5년이 뒤떨어진 것이 아니고 그만큼 앞서 있다는 사실이었습니다. 사회 진출은 다른 사람보다 좀 늦었을지는 몰라도, 인생의 여정에서 반드시 터득해야 할 소중한 것들을 깨달은 것입니다.

우리가 명예심, 욕심, 경쟁심의 노예가 되어 있을 때는 자신이 매우 빨리 달려가는 것처럼 생각됩니다. 반면 하나님의 시간은 매우 더디고 느리게 느껴져서 오히려 하나님이 방해거리가 됩니다. 그렇게 빨리 달리는 인생은 그 과정에서 배워야 할 교훈들을 다 놓치고 맙니다. 결국 인생을 겉핥기식으로 살게 되는 것입니다.

하나님은 우리의 욕심, 경쟁심, 초조감에 편승해서 우리가 원하는 대로 빨리 일을 처리하지 않으십니다. 하나님께는 우리를 향한 뜻이 있습니다. 그 선한 뜻을 이루어 가시는 것이 그분의 목적입니다. 그 목적지를 향해 하나님은 적절하게 우리를 인도해 가십니다. 나의 생애에서 5년이라는 사회적 공백 기간은 바로 그 하나님의 뜻에 길들여지는 중요한 과정의 일부였습니다. 하나님 안에서는 상실과 허무가 없습니다.

넷째, 영적 여정은 세상의 정보나 기술로 걷는 것이 아니고, 믿음으로 걷는 것입니다. 믿음 안에서 걷는다는 것은 우리에게 있어서 무엇이 최선인지를 알고 그것을 이루실 수 있는 분이 오직 하나님 한 분뿐이시라는 확신을 갖는 것입니다. 즉 지속적으로 하나님의 견해만을 따르는 것입니다. 그리고 그것을 하나님이 반드시 이루실 것임을 확신하는 것입니다.

나를 한 인간으로 부르시고, 내가 목사로서 살도록 부르신 하나님이 내가 선한 싸움을 싸우고 나의 달려갈 길을 마치

고 믿음을 지키게 하실 것(딤후 4:7)을 확실히 믿는 것이 영
적 여정을 믿음으로 걷는 것입니다. 영적 여정에서 미지의
세계로 모험의 발걸음을 내딛게 하는 것은 개인의 신념이
아닌 믿음입니다. 그래서 히브리서에서 "믿음은 바라는 것
들의 확신이요, 보이지 않는 것들의 증거"(히 11:1, 새번역)라
고 말합니다.

다섯째, 영적 여정에서 소망이 믿음과 짝을 이룹니다. 여
기서의 '소망'은 길고 지루한 영적 여정의 과정을 통해 하
나님이 시작하신 그분의 뜻이 이루어지리라는 약속입니
다. 이 약속을 믿는 자들은 현실에서 온갖 유혹과 시련을
견뎌 내게 됩니다. 그들은 순간적인 것들 대신 영원한 것
을 선택합니다. 소망을 가진 자는 순간의 이익, 쾌락, 안
일, 안정 대신에 영원한 것을 마치 눈에 보이는 것처럼 택
합니다.

여섯째, 영적 여정은 끊임없이 이어지므로 현재를 살아
야 합니다. 현재를 살아가게 하는 능력이 사랑입니다. 영
적 여정에서 사랑 없이는 현재를 살 수 없습니다. 하나님

의 사랑은 우리를 죄의 속박으로부터 자유하게 합니다. 즉 하나님의 용서를 받아들이게 하고, 다른 사람을 용서하고, 현실을 섬김의 장으로 받아들이게 합니다. 사랑은 우리를 하나님이 원하시는 모습으로 만들어 갑니다.

그리스도 안의 삶은 우리 안에 있는 그리스도의 삶입니다. 그리스도의 삶은 사랑입니다. 그것은 과거를 청산하고, 현재에 충실하며, 미래를 기대하게 합니다. 사랑은 가장 위대한 덕목입니다. 사랑은 현재에 맺고 있는 우리의 관계들에 대한 믿음과 소망의 적용입니다.

영생은 우리 안에서 영원히 지속될 새롭고 계속적인 삶의 질입니다. 그러므로 아픔과 기쁨, 실패와 성공의 풍랑과 함께하는 영성 형성의 순례는 새로운 피조물을 만드는 끊임없는 과정입니다. 이렇게 영적 여정에서 배우고 깨달은 교훈은 우리가 더욱더 겸손하고 온유한 사람으로 하나님을 깊이 신뢰하고, 오직 그분께만 순종하는 삶을 살아가게 합니다. 즉 올바른 존재 방식을 갖게 합니다.

끝으로 사도 베드로의 권면을 상기해 봅니다. "사랑하는 여러분, 이 한 가지만은 잊지 마십시오. 주님께는 하루가 천 년 같고, 천 년이 하루 같습니다. 어떤 이들이 생각하는 것과 같이, 주님께서는 약속을 더디 지키시는 것이 아닙니다. 도리어 여러분을 위하여 오래 참으시는 것입니다. 하나님께서는 아무도 멸망하지 않고, 모두 회개하는 데에 이르기를 바라십니다. 그러나 주님의 날은 도둑같이 올 것입니다. 그날에 하늘은 요란한 소리를 내면서 사라지고, 원소들은 불에 녹아 버리고, 땅과 그 안에 있는 모든 일은 드러날 것입니다. 이렇게 모든 것이 녹아 버릴 터인데, [여러분은] 어떠한 사람이 되어야 하겠습니까? 여러분은 거룩한 행실과 경건한 삶 속에서 하나님의 날이 오기를 기다리고, 그날을 앞당기도록 하여야 하지 않겠습니까? 그날에 하늘은 불타서 없어지고, 원소들은 타서 녹아 버릴 것입니다. 그러나 우리는 주님의 약속을 따라 정의가 깃들여 있는 새 하늘과 새 땅을 기다리고 있습니다"(벧후 3:8-13, 새번역).

영적 순례의 길은 잠깐으로 끝나지 않습니다. 그 길을 포기하지 않고 걸어간 사람들에게 약속이 있습니다. 그것은 '주님의 약속을 따라 정의가 깃들여 있는 새 하늘과 새 땅'입니다. 미래에 언제인가 우리가 하나님 앞에 설 때, 그동안의 영적 여정이 오늘의 이 한 날을 위해서 필요했다는 사실을 알게 될 것입니다. 바로 이 시간을 위해 그렇게 많은 시간이 필요했다는 것을 알게 될 것입니다.